星 HOSHIORI 栞

2020年の星占い

乙女座

ISHII YUKARI

石井ゆかり

乙女座のあなたへ
2020年の見どころ、魅力

2020年は「愛と創造の年」です。

「創造」は、

「何もないところに何かを生み出す」ことです。

恋愛に「正解」がないように、

創造にもまた、「正解」はありません。

自分の中に湧き出る思いと、自分を包む世界とが出会って、

そこにしか生まれない熱く美しいものが現れます。

2020年のあなたの世界は、

あなたにしか見出(いだ)せない価値と喜びに満ちて、

みっしりと充実しています。

CONTENTS

- 2　乙女座のあなたへ 2020年の見どころ、魅力
- 5　乙女座 2020年の星模様 〜年間占い〜
- 15　乙女座 2020年の愛 〜年間恋愛占い〜
- 21　乙女座 2020年 毎月の星模様 〜月間占い〜
- 47　月と星で読む 乙女座 366日のカレンダー
- 77　乙女座 2020年カレンダー解説
- 85　12星座プロフィール
- 97　乙女座と12星座の関わり 〜「相性」について〜
- 105　12星座プチ占い
- 113　用語解説
- 122　太陽星座早見表
- 124　おわりに
- 127　カバーイラスト解説

《注釈》
- 12星座占いの星座の区分け(「3/21〜4/20」など)は、生まれた年によって、境目が異なります。正確な境目が知りたい方は、P.122〜123の「太陽星座早見表」をご覧下さい。または、下記の各モバイルコンテンツで計算することができます。
インターネットで無料で調べることのできるサイトもたくさんありますので、「太陽星座」などのキーワードで検索してみて下さい。

モバイルサイト【石井ゆかりの星読み】(有料)
■スマートフォン Web サイト:https://star.cocoloni.jp
■Android アプリ:GooglePlay で「石井ゆかりの星読み」を検索
■ガラケー i-mode、EZweb、SoftBank:http://star.pga.jp/

- 本文中に出てくる、星座の分類は下記の通りです。

火の星座:牡羊座・獅子座・射手座　　　地の星座:牡牛座・乙女座・山羊座
風の星座:双子座・天秤座・水瓶座　　　水の星座:蟹座・蠍座・魚座
活動宮:牡羊座・蟹座・天秤座・山羊座
不動宮:牡牛座・獅子座・蠍座・水瓶座
柔軟宮:双子座・乙女座・射手座・魚座

《参考資料》
・『Solar Fire Gold Ver.9』(ソフトウェア)/Esoteric Technologies Pty Ltd.
・『増補版　21世紀　占星天文暦』/ 魔女の家 BOOKS　ニール・F・マイケルセン
・『アメリカ占星学教科書　第一巻』/ 魔女の家 BOOKS　M.D. マーチ、J. マクエバーズ
・国立天文台 暦計算室 Web サイト

乙女座
2020年の星模様

＊年間占い＊

● **クリエイティブな年。**

　もしあなたが画家なら、2020年は自分史上最高傑作を描き上げる年となるでしょう。乙女座の2020年は、何よりも「創造性の年」です。自分の才能を発揮できる年、あるいは「発掘」できる年なのです。自らの手で、美しいもの、価値あるものを生み出せるでしょう。表現の場を得て、内なる情熱を爆発させる人もいるでしょう。大恋愛に飛び込んで、人生の新しい可能性に出会う人もいるでしょう。子どもを授かって、新たな人生の意味を発見する人もいるでしょう。

　もちろん、特にアートなどの活動はしていないし、恋愛も家庭も関係がない、という人もいるはずです。でも、2020年に何かしら、夢中になれるものに出会ってしまうかもしれません。忘れていた才能を思い出せるかもしれません。
　自分の持ち味や才能、魅力を「活かす」ことは、なかなか難しいことです。自分の才能にぴったり合った場に巡り合うまでに長いことかかる人もいますし、最初は自分らしい活動をしていたのに、だんだん関係者が増え、活動が拡大するにつれ、本来やりたかったことができなくなってしまう、というケースも多々あります。そんなふうに、いつのまにか見失ってしまった自分の才能の方向性、情熱のゆくえを、2020年は

「思い出せる年」です。そして、自分の才能のために新しい場を創り出せます。

この流れの土台はすでに、2017年の終わりから、あるいは2008年頃から作られつつありました。今その土台の上に、バラの花園のような喜びを生み出せる時間が巡ってくるのです。

● 好きか、嫌いか。

「何が正しくて何が間違っているか」は、いつでも非常に難しい問題ですが、一方の「好き・嫌い」という判断軸は、いたって個人的です。自分が嫌いなものでも、他の人は好きかもしれません。それは自分だけが対象に抱く印象や感覚のことであり、他の人にあれこれ言われることもなければ、本質的には、対象への評価ですらありません。その意味では、「好き・嫌い」という判断基準は、ワガママどころではなく、ある意味でごく控えめな、あくまで「自分」だけを主語にした、節度に溢れる判断基準だと言えるでしょう。

2020年、乙女座の人々は「好きか・嫌いか」を軸に動くことになります。好きになれるものを採り、嫌いなものを遠ざけられます。あるいは、嫌いだったものを好きになったり、今まで好きだったものとは別のものに夢中になる人もいるかもしれません。いずれにせよ、それはあなたの内側から湧い

てくる思いであり、感覚です。「世の中的な正解」や「標準的な選択」「人に文句を言われないための行動」などは、2020年のあなたの世界ではほとんど意味をなさないでしょう。

　あなたの中には強烈な「好悪」の思いがあります。これは「感性の豊かさ」「感受性の鋭さ」「センス、こだわり」などとほぼ同じことを意味しています。あなたは理屈抜きに何かを強烈に愛する人ですし、好きになったもの、溺愛したものはとことん「面倒を見よう」とする人でもあるのです。あなたの才能や創造性は、この強烈な「好き嫌い」の思いとガッチリ繋がっているのですが、2020年はその面が前面に押し出され、あなたの創造性が最大限に開花することになるのです。

　「自分が好きなものを選ぶ」ことは、少し怖いことでもあります。自分の選択に責任を持たねばならないからです。ゆえに、多くの人は「好きなもの」よりも「正しいもの」を選ぼうとします。そのほうが楽だからです。

　ですが、2020年の乙女座の世界では「自分の意思で、自分の好きなものを選ぶ」ことが最優先されます。自分で選ぶという責任を引き受ける勇気が湧くのです。「好きなもの」は、文字通りの「モノ」の他に、機会や場、場所、チャンス、立場、道、それから人である可能性もあります。

　「何が好きなのか」ということを見つけにくい人、自分の感

情に鈍感な人、ずっと「正解」を探すことを要請されてきたため「好き」の感覚がわからないという人。現代社会では、地上への出口を探し続ける地下水のように、「好き」な思いをなかなか自覚できない人も少なくありません。でも、2020年は「好き」の思いが出口を見つけ、噴出します。

● 愛の年、自己表現の年。

　乙女座の人々の心には、とてもシャイな部分があります。自分の感情や思いをそのまま表現することが、どうもうまくできない、という人が多いのです。陶酔を表に出すこと、歌い上げること、世界観や役に入り込むこと、イマジネーションを表現することなどは、乙女座の人々にとって、少し「怖い」ことでもあるのだと思います。「やってもうまくできないのではないか」という不安が、乙女座の人々をシャイにしているのかもしれません。

　2020年は、そうした「自己表現」への緊張感と闘い、内なるものをどんどん外に出していけます。クリエイティブな活動だけでなく、恋愛や子育て、パートナーシップに関してもこのことは当てはまります。喜怒哀楽を表情に出し、人に対する好意を伝え、自分の「思い」を内側だけに閉じ込めずに生きることが、2020年の最も大きなテーマなのです。

仕事・目標への挑戦

　昨今「基礎研究」の重要性についてよく、耳にします。最初から実用性を追求しても、なかなかうまくいくものではありません。何の役に立つのかわからないことを、知的好奇心の赴くままに研究したその先で、実用化への道が開けます。2020年の乙女座の人々の「仕事」には、「基礎研究」的な要素が色濃く含まれています。「何の役に立つのか」「採算が取れるのか」といった問いはとりあえず後回しにして、「どうしてもこれをやってみたい」という思いから出発できるのです。

　そもそもやりたくもないことが「やるべきこと」になってしまったら、取り返しがつきません。もし、あなたが今そんな状況に追い込まれているなら、2020年から2021年の中で大きな軌道修正ができるでしょう。もちろん、誰もが望んだ仕事に就けるというわけではないかもしれませんが、少なくとも、自分の日々の活動に喜びや楽しさ、意欲、納得などが含まれていなければ、人生全体が辛く苦しいものになってしまいます。2020年は自分の仕事に関して、「自分の才能や意欲が本当にこの仕事に反映されているか」を問える年です。

　2020年の終わり頃、新しい任務を引き受けることになる人が多いでしょう。2020年の中で「やりたいこと」を追求した

暁に、真の「やるべきこと」に出会う、という展開になるのかもしれません。

　3月末から7月頭、新しい任務の「予告編」のような出来事が起こるかもしれません。この時期は非常に忙しくなりますが、その多忙さの中で真の自分の役割を見出せそうです。さらに4月から8月上旬は、キラキラしたチャンスが巡ってきやすい時期です。11月末、大きな成果を挙げられます。
　5月から向こう1年半ほど、強い「縁」のようなものを感じる場面もあるかもしれません。不思議な力に引き寄せられるようにして、自分に合った活躍の場に出会えます。

勉強・知的活動
　2019年、あなたの「学び」の世界では、革命的な変化が起こったのではないでしょうか。これまで「勉強とはこうやるものだ」と考えていたその「型」を、根底から打ち砕くような衝撃が走ったのではないかと思うのです。今、かつてなく自由に、新しい学びに夢中になっている人もいるはずです。
　この流れは2020年も続いていきます。さらに2020年の特徴として「ちょっと試してみる」ような、実験的な場面が増えるかもしれません。知識として学んだことを、すぐ試してみたくなるのです。そこでは「経験則を捨てる」ことの喜

びも感じられるかもしれません。武器としてきたメソッドやアイデア、知的な道具を、ここで思い切って放棄したとき、新しい武器がどんどん生まれる気配があります。

　勉強に追い風が吹くのは3月から4月頭、11月下旬から12月前半です。さらに10月半ばから11月は「復習・学び直し」のプロセスが展開しそうです。古い教科書の埃を払い、新しいアイデアに出会えるタイミングです。

お金・経済活動

　6月末から年明けまでの半年強、経済関係・経済的な環境が大きく変わる時期となっています。融資や贈与を受ける人もいるでしょう。自分と他者との経済的な繋がりが濃く強くなり、そこから新しい力を引き出せる時期です。10月末から11月半ば、経済面で嬉しいことが起こりそうです。

健康・生活

　年齢を重ねると誰もが体質の変化を感じるものですが、この時期は特にその意識が強まるかもしれません。健康への不安から過剰な対策を講じると、かえって体調を崩す可能性も。コンスタントに続けられる、現実的でシンプルなアイデアがあなたを支えるでしょう。3月末から7月頭、生活や健康面で大きな変化が起こりそうです。

2020年のターニングポイント

乙女座の人々にとって、2020年の「ハイライト」と言える時期は三つあります。一つは早春、もう一つは春から夏、そして年末です(詳しくはP.77~83のカレンダーをご参照下さい)。

◆2月半ばから3月

2020年のテーマである「創造・愛・情熱」に一気に燃料が注がれ、どこまでも熱い季節が到来します。夢中になれることなら何でも、全力投球したいときです。

◆4月から8月頭

仕事や勉強、対外的な活動に関して、キラキラしたチャンスが巡ってきやすいときです。注目されたり、高く評価されたりする場面も多いでしょう。学んできたことを役立てるチャンスも巡ってきます。不思議な縁を伝って「立つべき場所」を見出す人も。

◆11月下旬から年明け

生活全体が動きます。たとえば新年に向けて新しい任務を受け、引っ越したり、生活のリズムが激変したりといったことが起こりやすいのです。「新生活」を始められるときです。

参考 星座と天体の記号

P.21 からの「毎月の星模様」では、簡単なホロスコープの図を掲載していますが、各種の記号の意味は、以下の通りです。基本的に西洋占星術で用いる一般的な記号をそのまま用いていますが、新月と満月は、本書オリジナルの表記です（一般的な表記では、月は白い三日月で示し、新月や満月を特別な記号で示すことはありません）。

♈：牡羊座　　♉：牡牛座　　♊：双子座

♋：蟹座　　　♌：獅子座　　♍：乙女座

♎：天秤座　　♏：蠍座　　　♐：射手座

♑：山羊座　　♒：水瓶座　　♓：魚座

☉：太陽　　　●：新月　　　○：満月

☿：水星　　　♀：金星　　　♂：火星

♃：木星　　　♄：土星　　　♅：天王星

♆：海王星　　♇：冥王星

℞：逆行　　　Ɖ：順行

乙女座
2020年の愛
年間恋愛占い

♥「愛の建設」の年。

「愛は儚いもの」と言われますが、本当にそうでしょうか。
　確かに、季節とともに消え去ってしまうような恋愛感情もある一方で、一生の住処とできるような、頑丈で堅牢な愛も存在します。2020年は乙女座の人々にとって「愛の建設の年」です。もとい、2017年の終わり頃に着工していて、2020年中に竣工予定です。「そんな心当たりは全然ないよ」という方もいるでしょう。でも、2017年の終わり頃から2年ほど、愛について不思議な緊張感や疑問を抱いたことはなかったでしょうか。妙に「愛情関係の場にいると冷静になってしまう・のめりこめない」といったことはなかったでしょうか。これは、あなたが愛から遠ざかっていたのではなく、「愛の建設中」だったために起こっていた現象です。作っている最中の家には、当然、まだ住めません。あなたの愛は「制作途上」の状態だったのです。愛はどんな土台の上に建てるべきか、どんな素材で作るべきなのか、あなたはずっと考え続けていたのだと思います。だからこそ、愛の世界に「安住」できず、どこか愛に対して距離を置くような眼差しになっていたのです。

　2020年、あなたの愛のお城は完成に向かいます。年明けにはもう住み始めている人もいるはずです。愛を信じる気持ち、

自分の気持ちを信じる勇気、愛情表現についての態度などが、2年前とは大きく変わってきているのではないでしょうか。「恋愛は、悪いこと・制限すべきことではない」という小さな確信が、あなたの胸のどこかに芽生え始めているだろうと思います。2020年の中でその思いは一気に加速し、あなたの中で愛を信じ、受け入れる覚悟が定まるはずです。

♥「愛する自分」に出会う。

　家族の大反対を押し切って猫を飼い始めたところ、最も強硬に反対していたお父さんが一番メロメロになってしまった、という話を聞いたことがあります。人間の「愛の形」は、そんなふうに、どんどん変わります。愛し方も、愛の対象も、愛の考え方も、人生の中で一定ではありません。若い間は興奮やトキメキ、憧れが恋のきっかけとなりがちですが、歳を重ねると尊敬や信頼、人間性への感動などが愛へのスイッチとなることがあります。他者と関わる経験を重ねるに従って、愛の形も変化するのです。2017年終わり頃からの愛の成長過程が、2020年に一つのピークに達します。猫を可愛がる自分にびっくりしたお父さんのように、2020年の乙女座の人々は、自分の中の「愛の爆発」に驚かされることになるかもしれません。

♥ 愛の贈り物を「受け取る」こと。

　愛の世界では、喜びもたくさんありますが、苦労も多いものです。乙女座の人々は不思議と、愛の喜びよりも、愛の苦労のほうを受け止めるほうが「得意」な傾向があるようです。これは、「苦労が回ってきやすい」ということではなく、「贈り物を前にして警戒心を出し、任務を前にしてやる気を出す」というイメージです。ですが、少なくとも2020年は「愛の喜び」に対してごく肯定的になれる年です。愛の贈り物の前で、ふわりと素直な笑顔を浮かべることができるでしょう。愛の困難の前では、時に正直な弱音を吐くことで、相手に気づいてもらうべきことを伝えられるはずです。

♥ パートナーを探している人・結婚を望んでいる人

　2020年は乙女座の人にとって「最強の愛の年」です。
　2017年終わり頃から愛について重ねてきた努力・苦労が報われ、さらに2020年特有の「贈り物」がもたらされる年だからです。あなたがこれまで愛の世界で「その人」を探してもがいてきたなら、今年がきっと、そのゴールになるでしょう。これまで恋愛や結婚に興味がなかったのに、今年突然、興味が湧いて、動き出す！という人もいるかもしれません。
　愛が始まる前から「これは自然な恋愛・これは不自然な恋愛」

などと「形」にこだわるのは悪手です。できるだけ視野を広げ、人の多様性に目を向けることが、愛への近道となるでしょう。

　2020年は「愛の本質」を追求し続けるひたむきな態度だけが必要なのだと思います。他の条件を云々することは、愛を見る目を曇らせるでしょう。お皿やテーブルより、まず、食べもの自体が重要です。料理やその材料を放っておいて、お皿やテーブルやカトラリーのことばかり考えているような人を、愛の世界ではしばしば、見かけます。2020年はそんなワナには引っかからないで済むはずです。

♥ パートナーシップについて

　2020年の「愛の年」というテーマは、カップルにももちろん、当てはまります。信頼関係が強まりますし、2017年の終わり頃から不思議な孤独を感じてきた人は、その孤独から解放されるでしょう。1月半ばから2月上旬は特に、あたたかい愛に包まれる幸福な時期となっています。

♥ 片思い中の人・愛の悩みを抱えている人

　宙ぶらりんな状態や、行き詰まった状態に苦しんでいるなら、2020年はその問題を「根本解決」できる時期です。なぜなら、2020年は「愛のスタート」の年でもあるからです。始められないこと、終わらせたいのに終わらないことがあるな

ら、そこにきちんと線を引いて、新しい愛をスタートさせられます。

特に2月から7月は、自ら積極的に動ける時期です。

♥ 家族・子育てについて

2019年は、例年以上に力を注いで、家族や子育ての「基盤」を作ってきた時間でした。続く2020年は、より創造的な関わりを持てるようです。たとえば、衣食住を調え、生活のリズムを作るのが2019年だったとすれば、2020年は絵本を読んであげたり、芸術やスポーツなど様々な活動をともに楽しんだりできるようになる、といったシフトが起こりそうです。多忙期は1月から3月です。7月頭、家庭に新鮮な風が吹き込みます。年末はとても幸せな雰囲気に包まれます。

♥ 2020年 愛のターニングポイント

2月後半から7月頭にかけて、愛のドラマが勢いよく展開します。1月半ばから2月上旬、10月は、幸福な愛に恵まれる時期です。さらに7月上旬は、愛のミラクルの気配も。年の後半はすべて官能と情熱の高まる、豊かな時間帯です。

乙女座
2020年 毎月の星模様
＊月間占い＊

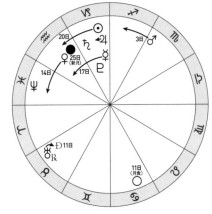

＊居場所が「動く」時期。

家の中がバタバタしそうです。2019年の中で住処や家族の紐帯をバッチリ固めた、という人も少なくないはずですが、作ってきた「場」のポテンシャルを引き出せるような、特別なイベントが起こりそうです。身近な人と一緒に、情熱を注げるような活動に取り組み、問題意識を共有できそうです。

＊好きなことのための「苦労」。

好きなことをやっているはずなのに、なぜか強いプレッシャーやストレスを感じるかもしれません。2020年のテーマは「愛と創造性」ですが、この二つは喜びに満ちた活動である一方で、心底からの苦労を伴うものでもあります。真剣に愛するほど、真剣に考えることになりますし、アーティストには「生みの

苦しみ」がつきものです。この時期はそうした、意欲ゆえの険しい道を歩くことになるようです。もっとも、やりたいことに思い切り取り組める時期であることは確かで、ほとんど「苦」を感じない人も多いでしょう。

＊「人に恵まれる」季節。
素晴らしい人間関係に恵まれます。特に月の後半は、人の好意や優しさに包まれて、深い幸福を感じられるでしょう。かゆいところに手が届くようなサポートもありそうです。

♥愛のために果たす役割、凛とした時間。
社会生活の中では一般に、「プライベート」は後回しにすべきものとされがちですが、この時期はむしろ恋愛やパートナーシップこそが、最優先で取り組むべき一つの「責務」のように感じられるかもしれません。愛のためにできること、愛のために責任を果たすことが可能になる、凛とした時間です。

◆1月　全体の星模様
山羊座に多くの星が集まり、2020年全体を象徴するような出来事が次々と起こるでしょう。火星は射手座にあり、2019年中に起こったことの「仕上げ」が行われるタイミングでもあります。「世の中」や「世界」に多くの人が注目しそうです。11日は蟹座で月食、天王星が順行に転じる強めの節目です。「お金」と「帰属意識」がキーワードとなりそうです。

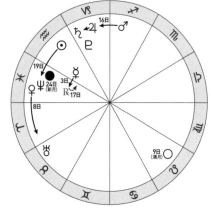

*月の後半から、やりたいことに全力投球。

月の前半は自分のことは後回しになるかもしれませんが、半ば以降はどっぷり「やりたいこと」に打ち込めるはずです。周囲もあなたを応援し、サポートする側に回ってくれるでしょう。経済的な支援も受けやすいときです。周囲と足並みが揃わなくても、この時期はそれほど気にしなくて大丈夫です。

*混乱の中で見つける宝石。

人間関係が混乱しやすい時期ですが、混乱の中でなければ生まれない関係もあります。困っている人や遅れ気味の人を助けたり、人に教えを請うたりする中で、新しい心の交流が生まれそうです。誤解や行き違いがあっても、遅くとも4月には解消するでしょう。時間に任せるところは任せて。

＊自分のやり方に自信が持てるようになる。

2017年の終わり頃から苦労してきたことに関して、この時期新しい自信を持てそうです。特に、クリエイティブな活動に関すること、愛に関すること、子育てに関することについて、「これでいいのだろうか？」と自問してきたなら、その疑問が氷解するような出来事が起こるかもしれません。たとえば、経験をもとに人の相談に乗ったり、アドバイスしたりする中で、自分を信じる気持ちが芽生えるのかもしれません。

♥最もドラマティックな時間へ。

どこまでもドラマティックな愛の季節です。2020年という「愛の年」に、一番大量の燃料が注ぎ込まれるようなタイミングとなっています。フリーの人はチャンスが目白押しですし、カップルも愛というものの威力を再認識させられるでしょう。月の半ば以降は早とちりに気をつけたいところです。

◆2月　全体の星模様

1月中に山羊座に集中していた星が少しばらけて、ふわっとした緩やかさが出てきそうです。とはいえ、火星は遅れて山羊座に入り、木星・土星と同座して世の中を支配する力や権力、集団的なシステムにスポットライトが当たります。17日を境に、水星が魚座で逆行を始めます。交通機関やコミュニケーションにおける混乱が目立つかもしれません。

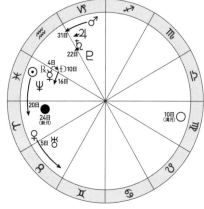

*才能と情熱の赴くところ。

生来、創造力のかたまりのようなあなたですが、この時期はその才能をいかんなく発揮できるでしょう。やりたいことに思い切り打ち込める、情熱の季節です。理屈よりも感性が、段取りよりも積極性が、より受け入れられやすいかもしれません。格好つけず、むき出しの自分でいて大丈夫です。

*楽しそうなほうへと漕ぎ続ける。

遠くから素敵な追い風が吹いてきます。旅をする人も多そうですし、遠方から誰かが訪ねてくれるのかもしれません。また、勉強や研究活動なども心から楽しめるときです。この時期は「人に言われてやること」はあまり面白くないのですが、自分から進んで取り組んだことはたいてい、吉と出ます。楽しい

ほうへ楽しいほうへと進むことは、ワガママではありません。

＊簡単には出せない答え。
他人の意見と自分の意見は、あくまで対等なものです。必ず相手が正しいとは限りませんし、逆もまた然りです。この時期は「どちらが正しいのか、すぐにはわからない」という場面が多いかもしれません。判断を保留して熟考したり、さらに外部の人に意見を求めたりするうちに、だんだんとどれを自分の意見とすべきかがわかってきます。粘り強く。

♥特別な星の時間、愛の季節。
引き続き、そう滅多にない壮大な愛の季節の中にあります。あらゆる力があなたの愛の世界に集中しているような、特別な愛の時間となっています。カップルもフリーの人も、何が起こってもおかしくない時期です。自分自身の内なる情熱の赴く方向へ、自らひたむきに動いていきたいところです。

◆3月　全体の星模様
水星は10日に順行に戻り、混乱や停滞が解消します。金星は牡牛座に入り天王星と同座、地の星座が活性化しています。金融、経済、物質、大地に関すること、食に関することなどが衆目を集めるでしょう。世の中を動かす最も直接的な力が圧倒的な輝きを放ちますが、20日の春分、22日の土星の水瓶座入り、24日の牡羊座の新月で、段階的に空気が変化します。

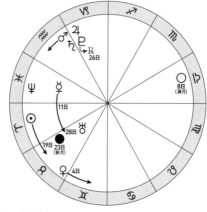

＊緻密に計画し、完璧に遂行する。

あなたはもともと非常にストイックな人ですが、この時期は特に「自分でルールを決め、自ら実行する」という力がフルに表に出るようです。何か成し遂げたいことがあり、あるいは魅力的なチャンスが巡ってきて、それに向かって素晴らしい計画を立て、厳密に実行に移せます。持ち味を活かせるときです。

＊ずっと温めてきた、卵のようなアイデア。

年明け以降、創造性を発揮できる場に恵まれてきたはずですが、ハードルやノイズなども多かったのではないでしょうか。4月は一転して「障害物」が消え去り、思い切りやりたいことができる時期となっています。特に「今さっき思いついたこと」ではなく、10年以上前から密かにずっと温めていたア

イデアを今、表に出す！　といった、「経緯のあるクリエイション」に着手することになるようです。

＊「他人のやり方」から解放される。
3月中はどこか「修行」のような場面も多かったかもしれません。他者の考え方に触れることで大きく成長できたはずですが、一方で人に合わせなければならない辛さも感じていたのではないでしょうか。4月上旬を過ぎるとそうしたもどかしさが消え、伸び伸びと振る舞えるようになりそうです。

♥急成長する、強い愛の芽。
バタバタした雰囲気が一段落しそうです。これまで焦ったり心配したりしつつあったことも、振り返れば「何だかんだ言って、うまくいってるかも」と思えるはずです。慌ただしすぎて見えなかった愛の芽がすくすく育つ様を、この時期はっきり観察できるでしょう。小さくても生命力に溢れる、強い芽です。

◆4月　全体の星模様
火星は3月末に水瓶座入り、金星も4日に双子座入りして、一気に風の星座に勢いが出てきます。ここまで地の星座に置かれていた軸足がパチンとシフトして、爽やかな「動き」が出てきます。交渉、批判、公平な配分、思想や理念を求める声が強まりそうです。金星はここから夏にかけて双子座に長期滞在します。コミュニケーションが盛り上がります。

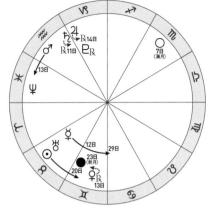

*明るい多忙さと、高評価と。

明るい忙しさに包まれます。複数のチャンスが同時に巡ってきて、どれを選ぶべきか心底迷う、といった場面もあるかもしれません。チャンスがチャンスを呼び、そのチャンスが縁を呼ぶ、といった具合に、進めば進むほど話が広がっていくでしょう。あなたの才能や実力が高く評価される活躍期です。

*「もう一人の自分」との不思議な融合。

誰もが自分の中に「もう一人の自分」を抱えています。ある人には優しいのに、別の人の前では別人のように厳しくなる、といった人もいます。ただ、あまりにもバラバラな顔を TPO に合わせてとっかえひっかえするような状態は、自分も疲れてしまいますし、相手も関わり方に苦しむことになります。

この時期、そんな「もう一人の自分」との不思議な融合が起こるかもしれません。複数の顔を融け合わせ、新しい一つの顔ができる、といった現象が、主に仕事や対外的な活動の場において、起こるのではないかと思います。

＊率直な「対決」で得られる、大きな成果。
13日以降、人間関係が熱を帯びます。刺激的な出会いに恵まれる一方で、タフな交渉も始まるようです。率直に対決することで、驚くほど大きな勝利をものにできるようです。

♥動き出すドラマ、自己との対話。
13日以降、愛のドラマが動き出します。ただ、この時期の「愛のドラマ」の筋書きは少々込み入っていて、摑みどころがないかもしれません。相手は率直で積極的な態度を示してくれるのに自分の気持ちがよくわからない、という人もいそうです。問いかけには正直に答え、自分自身と話し合う時間を大切に。

◆5月　全体の星模様
土星、金星、木星が相次いで逆行に入り、年明けからのブルドーザーのような勢いが少し収まるようです。双子座に星が集まって「少し腰を落ち着けて、色々相談しよう」といった流れも出てくるでしょう。12日から14日にかけてトントンと星が動くので、月の半ばが流れの変わり目のように感じられるはずです。23日、フレッシュな「双子座祭り」です。

＊楽しさの中にも、少し混乱が。

引き続き、明るい忙しさの中にあります。とはいえ、この時期は星座を問わず物事が少々混乱しがちです。特に乙女座の世界では仕事や勉強、対外的な活動、交友関係などにモタつきがあるかもしれません。これは「時間が解決」してくれます。21日前後、純粋に嬉しい「ミラクル」の気配が。

＊「他者に働きかける」という才能。

熱のこもる人間関係が、6月も続いています。公私共に正面から向き合って得るものが多いでしょう。一見受け身のようで、実は他者に積極的に働きかけるのが上手な乙女座の人々ですが、この時期は特に「人を動かす」ところから何かが始まるようです。あなたに好意を持ってくれている人々が、想

定外のフットワークの良さで動いてくれるはずです。

＊懐かしいものの中にある、新しい芽。
懐かしい仲間との「再会」のときです。旧交を温める中で新しい目標や夢を見つける人もいるでしょう。また、6日前後は「地元に帰る」ような節目です。前進を続けつつも、今はなぜか、過去を振り返って自分を守ってくれているものに会い、そこに何かを見出そうという気持ちが強まります。月末、かつての情熱がよみがえる瞬間が巡ってくるかもしれません。

♥主語は自分。思いをぶつける対話。
徹底的に「愛に向き合う」ことができるときです。愛する人とストレートに情熱をぶつけ合えますし、ずっとガマンして言えなかったことがあった人は、今なら言えるはずです。話しているうちに自分の本音に気づく、といった場面もあるでしょう。自分自身を主語にして語る誠実さがものを言います。

◆6月　全体の星模様
6日に射手座で月食、21日に蟹座で日食となります。双子座の金星などの配置も相まって、特別な出会いや人間関係が生まれやすいタイミングと言えます。18日から蟹座で水星が逆行し、停滞感が出てくるかもしれません。特に家族や身近な人とのコミュニケーションでは、「気持ち」ができるだけストレートに伝わるような言葉づかいを心がけたいところです。

JULY

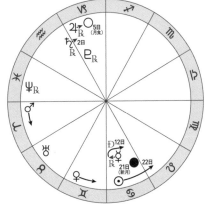

＊緊張から解放され、伸び伸びできる。

6月中の人間関係に関するプレッシャーや緊張感から解放され、ホッと一息つけそうです。仕事や勉強、対外的な活動に関しては、ストレートでクリアなチャンスが巡ってきやすく、とても楽しくなってくるでしょう。交友関係に混乱を感じていた人も、月の半ばには正常化します。伸び伸びと動いて。

＊ゆるすこと、ゆるされること。

月の前半まで「旧友との再会」の時間が続いています。意に染まぬ関係を遠ざけ、真に愛着を感じられる人間関係を身近に引き寄せる、といったことができそうです。一方、人に対する寛容さが増す時期でもあります。友だちの欠点や弱さへの理解が深まりますし、友だちもまた、あなたの中にある問

題を「指摘」するのではなく、理解して寄り添おうとしてくれるようです。友情が「真価」を表します。

＊「命あるもの」を受け取る。
熱い提案を受けるかもしれません。貴重なギフトを受け取る人もいるでしょう。ここから年明けにかけて、何か大事なものを「継承」することになるようです。ここであなたが受け取るものは、広義で「生きたもの」です。命の灯を受け取り、育てる任務を引き受けるときです。

♥愛が「大樹」の姿を現しつつある。
愛について誰かと語りたくなるかもしれません。抱えている迷い、責任の重みなどを、誰かと共有したくなるかもしれません。あなたの内外に今、愛の大樹が育ちつつあり、そこに小鳥やリスが住み始めています。日常のすべてや、二人の関係の外側に広がるものを、愛が包み込もうとしています。

◆7月　全体の星模様
2日、土星が山羊座に戻り、5日に山羊座で月食が起こります。年明けから3月くらいの怒濤の展開の「続き」の幕が上がります。春から梅雨に一時停止していた建設作業が再開されるようなタイミングです。火星は6月末に牡羊座に入り、ここから年明けまで長期滞在します。「勝負・挑戦」の配置で、全体に「権力闘争」を感じさせます。鉄火配置です。

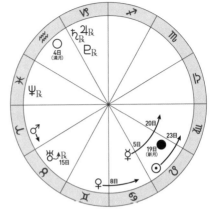

* 「力を授かる」タイミング。

不思議な力が漲ってきそうです。新しいアイデアが生まれたり、「これだ！」と思えるような何かを摑めるときです。誰かの一言で勇気百倍になったり、迷いが消えたりする場面もあるかもしれません。あなたのこだわりから生まれる「試行錯誤」が、この時期どんどん深化していきます。信念を大切に。

* 純粋な喜びの多い時期。

純粋に「嬉しい！」と思えることが起こりそうです。仲の良い友だちと遊びに行く機会が増えるでしょう。また、親友と呼べるような人との新たな出会いも期待できます。人間関係が外側に向かって大きく広がる、賑やかな時期です。

＊あなたの熱に、周囲が反応する。

下旬になると、新しいことがどんどんスタートし始めます。お誕生月に入りますが、今年は特に「元気のいい」時期となるでしょう。思い切って大胆なアクションを起こせますし、人からの熱いサポートにも恵まれます。あなた自身が「攻めの姿勢」で動くほど、周囲があなたを守り育ててくれる、という好循環が生まれます。自分一人で着手したことがいつのまにか大勢との共同作業になっているかもしれません。面白いオファーの気配も。

♥愛の「援軍」の力で、未来を見つめる。

今展開中のドラマティックな愛の物語に、とても心強い「援軍」が現れそうです。あるいは、お互いに「未来」を強く意識するようなきっかけが訪れるのかもしれません。ふと、二人の関係を新しい形で捉え直し、そこから一歩先に進むことができるようです。フリーの人は、友だちの紹介に妙味が。

◆8月　全体の星模様

金星が蟹座に入り、引き続き活動宮が活性化しています。物事がどんどん新しい展開を見せるような、非常にアクティブな時間帯です。毎年のことながら太陽も獅子座に帰還しており、強力です。月の下旬になると乙女座に水星・太陽が入り、調整感が出てきます。ここまで誰にも相談せずに突っ走る雰囲気だったなら、このあたりから余裕が出そうです。

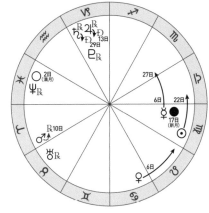

＊人への優しさが自分を救う。

新しいことが始まります。自ら「初挑戦」することもあるはずです。8月に自信を取り戻したことが、9月の「初挑戦」の場でものを言います。人から頼られる場面が多そうですが、人のサポートを通して自分自身の問題解決が叶う、といった展開も。持ち前の優しさと世話上手の面が生きるときです。

＊経済活動の合流地点。先を急がずに。

経済活動において、大きな動きが起こりそうです。自分だけで進めようとしていたことに他人の活動が「合流」してくるかもしれません。自分の望みと相手の意向の根本的な部分が一致するなら、共同の活動は概ねうまくゆくでしょう。相手の情熱が先走っているようなら、11月頃まで様子を見るのも

一案です。たとえばあなたが画家なら、自分が描いた絵に買い手がつく、といった嬉しい展開もあるでしょう。自分の創造性へのニーズが感じられるときです。

＊繊細な感動、ひそやかな喜び。
「一人でこっそり楽しめること」があるときです。みんなでワイワイやるのも楽しいのですが、ここでは密かな趣味や秘蔵の逸品をこっそり味わうことに魅力を感じる人が多いのではないかと思います。デリケートな感受性や感動を大切に。

♥タイムラグがあっても、愛は伝わる。
愛に「時間」が絡むときです。以前パートナーが語った言葉をふと思い出してはっとさせられるかもしれません。意中の人の何気ない言葉を夜に思い出して、「あれは、愛情表現だったのか！」とわかるかもしれません。タイムラグがあっても、愛はちゃんと繋がります。自分なりにリアクションを試みて。

◆9月　全体の星模様
6日に水星が天秤座へ、金星が獅子座へ移動し、節目感の強いタイミングです。「調停」の位置関係となり、対決の拮抗状態に風穴が開くような変化が出てくるかもしれません。「話ができるようになる」ときです。10日から火星が逆行を開始し、6月末からの「勝負」の緊張感が少し緩むでしょう。長期戦では息抜きの取り方も勝敗を分ける要素の一つです。

10
OCTOBER

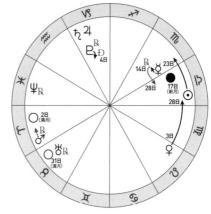

*細かいことは気にせず楽しむ。

とても楽しい季節です。好きなことにどんどん挑戦できますし、楽しい企画を次々に思いつくでしょう。ただ、周囲との足並みが揃わなかったり、予定がどんどん変更されたり、といった混乱はあるかもしれません。この混乱には大きな意味はなさそうなので、とにかく「楽しむ気持ち」を大切に。

*当たり前のように思えることの「再評価」。

かつて学んだことや親しんだものに再び親しめる季節です。ずっと以前に夢中になったことについての雑談がきっかけで、素敵な人と親しくなれるかもしれません。懐かしい場所への「再訪」が、新たな場所への入り口になる気配もあります。ありふれているように思えるもの、自分にとっては当たり前の

ことが、「再評価」され、輝きます。

*遠慮なく打ち出していくべき「こだわり」。
ここまで約1年ほどをかけて取り組んできたクリエイティブな活動が、そろそろラストスパートの時期に入っています。今は特に自分自身のセンスやこだわりを信じたいときです。足りない要素やもっと強化したい条件があれば、遠慮なく要望し、要求すべきです。あなたの中に眠るアイデアや進みたい方向を、周囲はもっとよく知りたがっているはずです。

♥自信を持って前進する、最強の季節。
最強の恋愛期です。そう滅多に巡ってこないような、素晴らしい愛の上昇気流が生まれます。勢いの良すぎる展開に、少し躓いたり、混乱したりする場面もあるかもしれませんが、基本的には骨太の好転が続いていくはずです。人を愛したいという自分の意思と、一人の人間としての自信を大切に。

◆10月　全体の星模様
水星が蠍座で14日から逆行を始め、コミュニケーションに混乱が起こりやすいかもしれません。特に「言い過ぎ」「言葉足らず」のような現象が目立つようです。ただ、普段とは違った言葉の放出の中で、見えなかった本心に触れられる場面もあるかもしれません。不思議な悲観や枝葉へのアンバランスなこだわりに悩んでも、28日を境に解消するはずです。

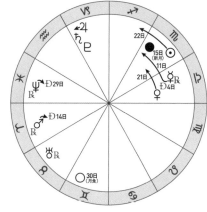

*10月の不安定感から解放される。

11月に入るとほぼ同時に、10月中の奇妙な不安定感から解放されそうです。取り越し苦労がそれと判明したり、考えるべきこととそうでないことをさくっと切り分けたりできるでしょう。経済面で強い追い風が吹き、欲しいものが手に入りそうです。収入アップのために前向きな行動を起こす人も。

*不可解だった人物のことが「わかり始める」。

人と「話しやすくなる」ときです。相手の態度も、これまでよりも反応がビビッドになったり、返信が早くなったりするでしょう。素直に本音を見せてくれたり、妙な駆け引きをやめてくれたりする人もいるかもしれません。あなたの側でも、警戒心を解いてもう少しオープンにつきあってみよう、とい

う勇気が湧いてくるようです。今まで不可解だった人物が、だんだんと理解できるようになるでしょう。

＊新しい「目標」が、導き手となる。
月末、目標を大きく改変するような場面があるかもしれません。あるいは、これまで特に目標のようなものを掲げてこなかった人も、「いついつまでにこれを達成します！」といった宣言をすることになるかもしれません。この「目標」が、あなたを新しい世界へと連れて行ってくれるはずです。

♥「愛の年」の、最終段階へ。
2020年は乙女座の人々にとって「愛の年」ですが、そのピークに入ります。10月中は勢いがありつつも少々おっかなびっくりだったかもしれませんが、11月になると不思議な自信が湧いてきて、力強く前進できそうです。フリーの人は単独行動を意識すると、チャンスを摑みやすいかもしれません。

◆ 11月　全体の星模様
月の半ばまで、とても爽やかな雰囲気に包まれます。逆行していた水星も4日には順行に転じ、コミュニケーションが一気に正常化しそうです。9月頃から「一時停止」していた対決や挑戦も、月の半ばから再開されるでしょう。月の後半は蠍座に星が集まって、不思議な熱さが漲ります。何をしたいか、何を求めているのかという「本音」を問われます。

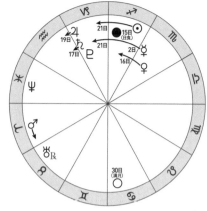

＊創造性が、新しい「任務」に繋がる。

2020年という「創造の年」の終わりにふさわしい、大きな作品を完成させるようなタイミングです。あるいはすでに一連のクリエイションを終えて、「次」に進みつつある人もいるでしょう。好きでやってきたことが、ここから新たな任務として周囲に承認される、といった変化も起こるかもしれません。

＊今自分が住んでいる世界を「一つにまとめる」。

散らかっている部屋を片付けると、部屋全体が「一つにまとまる」ような感じがします。雑多な情報が溢れる場では何も頭に入らないのに、ある程度情報を限定するとストーリーを読み取れるようになる、といったこともあります。この時期、あなたは自分の世界を一つにまとめるために、環境を整備し

たくなるかもしれません。「ここはどこなのか」という一つの
イメージを作ることで、少なからず生きやすくなります。

＊任務の意義、責任の内容。
「任務」が意識にのぼります。自分のポジションに何が求められているのか、自分が担う仕事は社会にどんな意義を持っているのか、といったことが気になり始めます。新しい任務を引き受けるにあたり、「その任務の真の意味」を深く考えることになるようです。「責任」への認識が変わり始めます。

♥新しい愛の世界へ、ハードルを跳び越す。
2020年という「愛の季節」の総決算のときです。ここまでに新しい愛に出会った人は、12月を境に「安定軌道」に入れるでしょう。逆に、これまで「愛の季節」らしいことは何もなかったという人は、この12月、愛へのアクションを阻んでいたハードルを見つけて、それを跳び越えられるようです。

◆12月　全体の星模様
本年のハイライト、「水瓶座のグレート・コンジャンクション」が起こります。夕方、西の空に木星と土星が寄り添ってきらめく、神秘的な姿が見られるでしょう。星占い的には約20年スパン、200年スパンでのターニングポイントです。「時代」を区切る、大きな節目的な体験をする人が多いはずです。よりスケールの大きな自由のために動き出せます。

月と星で読む
乙女座
366日のカレンダー

● 月の巡りで読む、12種類の日。

　毎日の占いをする際、最も基本的な「時計の針」となるのが、月の動きです。「今日、月が何座にいるか」がわかれば、今日のあなたの生活の中で、どんなテーマにスポットライトが当たっているかがわかります（P.52からの「366日のカレンダー」に、毎日の月のテーマが書かれています。🌙マークは新月や満月など、◆マークは星の動きです）。

　本書では、月の位置による「その日のテーマ」を、以下のように表しています。

1. **スタートの日**：物事が新しく始まる日。
   「仕切り直し」ができる、フレッシュな雰囲気の日。
2. **お金の日**：経済面・物質面で動きが起こりそうな日。
   自分の手で何かを創り出せるかも。
3. **メッセージの日**：素敵なコミュニケーションが生まれる。
   外出、勉強、対話の日。待っていた返信が来る。
4. **家の日**：身近な人や家族との関わりが豊かになる。
   家事や掃除など、家の中のことをしたくなるかも。
5. **愛の日**：恋愛他、愛全般に追い風が吹く日。
   好きなことができる。自分の時間を作れる。

6. メンテナンスの日：体調を整えるために休む人も。
   調整や修理、整理整頓、実務などに力がこもる。
7. 人に会う日：文字通り「人に会う」日。
   人間関係が活性化する。「提出」のような場面も。
8. プレゼントの日：素敵なギフトを受け取れそう。
   他人のアクションにリアクションするような日。
9. 旅の日：遠出することになるか、または、
   遠くから人が訪ねてくるかも。専門的学び。
10. 達成の日：仕事や勉強など、頑張ってきたことについて、
    何らかの結果が出るような日。到達。
11. 友だちの日：交友関係が広がる、賑やかな日。
    目指している夢や目標に一歩近づけるかも。
12. ひみつの日：自分一人の時間を持てる日。
    自分自身としっかり対話できる。

月は1ヵ月で12星座を一回りするので、一つの星座に2日半ほど滞在します。ゆえに、上記の「○○の日」は、毎日変わるのではなく、2日半ほどで切り替わります。

　月が星座から星座へと移動するタイミングが、切り替えの時間です。この「切り替えの時間」はボイドタイムの終了時間と同じです。

● 太陽と月と星々が巡る「ハウス」のしくみ。

　前ページの、月の動きによる日々のテーマは「ハウス」というしくみによって読み取れます。

　「ハウス」は、「世俗のハウス」とも呼ばれる、人生や生活の様々なイベントを読み取る手法です。12星座の一つ一つを「部屋」に見立て、そこに星が出入りすることで、その時間に起こる出来事の意義やなりゆきを読み取ろうとするものです。

　自分の星座が「第1ハウス」で、そこから反時計回りに12まで数字を入れてゆくと、ハウスの完成です。

第1ハウス：「自分」のハウス
第2ハウス：「生産」のハウス
第3ハウス：「コミュニケーション」のハウス
第4ハウス：「家」のハウス
第5ハウス：「愛」のハウス
第6ハウス：「任務」のハウス
第7ハウス：「他者」のハウス
第8ハウス：「ギフト」のハウス
第9ハウス：「旅」のハウス
第10ハウス：「目標と結果」のハウス
第11ハウス：「夢と友」のハウス
第12ハウス：「ひみつ」のハウス

例：乙女座の人の場合　反時計回り

自分の星座が第1ハウス

たとえば、今日の月が射手座に位置していたとすると、この日は「第4ハウスに月がある」ということになります。

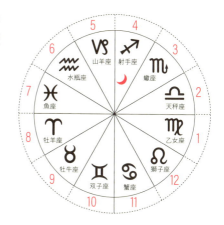

前々ページの「○○の日」の前に打ってある数字は、実はハウスを意味しています。「第4ハウスに月がある」日は、「4.家の日」です。

太陽と月、水星から海王星までの惑星、そして準惑星の冥王星が、この12のハウスをそれぞれのスピードで移動していきます。「どの星がどのハウスにあるか」で、その時間のカラーやその時起こっていることの意味を、読み解くことができるのです。

詳しくは『星読み＋』（幻冬舎コミックス刊）、または『月で読む あしたの星占い』（すみれ書房刊）でどうぞ！

1 JANUARY

1 wed 人に会う日
人に会ったり、会う約束をしたりする日。出会いの気配も。

2 thu 人に会う日 ▶ プレゼントの日　　　　　　　　　　　　[ボイド 11:15〜13:02]
他者との関係に、さらに一歩踏み込めるように。

3 fri ● プレゼントの日
人から貴重なものを受け取れる。提案を受ける場面も。
◆火星が「家」のハウスへ。居場所を「動かす」時期。環境変化、引っ越し、家族との取り組み。

4 sat プレゼントの日　　　　　　　　　　　　　　　　　[ボイド 10:19〜]
人から貴重なものを受け取れる。提案を受ける場面も。

5 sun プレゼントの日 ▶ 旅の日　　　　　　　　　　　　　[ボイド〜01:16]
遠い場所との間に、橋が架かり始める。

6 mon 旅の日　　　　　　　　　　　　　　　　　　　　[ボイド 21:09〜]
遠出したり、遠くから人が訪ねてくれたりする日。発信力も増す。

7 tue 旅の日 ▶ 達成の日　　　　　　　　　　　　　　　[ボイド〜11:12]
意欲が湧く。はっきりした成果が出る時間へ。

8 wed 達成の日
目標に手が届く。結果が出る日。人から認められる場面も。

9 thu 達成の日 ▶ 友だちの日　　　　　　　　　　　　　[ボイド 07:17〜17:44]
肩の力が抜け、伸びやかな気持ちになれる。

10 fri 友だちの日
未来のプランを立てる。友だちと過ごせる。チームワーク。

11 sat ○ 友だちの日 ▶ ひみつの日　　　　　　　　　　　[ボイド 8:59〜21:17]
ざわめきから少し離れたくなる。自分の時間。
☽「夢と友」のハウスで月食。特別な形で、希望が叶えられる。「恵み」を感じるとき。◆天王星が「旅」のハウスで順行へ。大きな迷いに暫定的な答えが出て、一歩先に進める。

12 sun ひみつの日
一人の時間。過去を振り返り、戦略を練る。自分を大事にする。

13 mon ひみつの日 ▶ スタートの日　　　　　　　　　　　[ボイド 22:43〜23:08]
新しいことを始めやすい時間に切り替わる。

14 tue スタートの日
主役の意識で動く。新しい選択肢を選べる。気持ちが切り替わる。
◆金星が「他者」のハウスへ。人間関係から得られる喜び。愛あるパートナーシップ。

15 wed スタートの日　　　　　　　　　　　　　　　　　[ボイド 21:13〜]
主役の意識で動く。新しい選択肢を選べる。気持ちが切り替わる。

16 thu	スタートの日 ▶ お金の日	[ボイド～00:44]

物質面・経済活動が活性化する時間に入る。

17 fri ◐ お金の日 　　　　　　　　　　　　　　　　　[ボイド 22:00～]

いわゆる「金運がいい」日。実入りが良く、いい買い物もできそう。◆水星が「任務」のハウスへ。日常生活の整理、整備。健康チェック。心身の調律。

18 sat お金の日 ▶ メッセージの日 　　　　　　　　　　[ボイド～03:22]

「動き」が出てくる。コミュニケーションの活性。

19 sun メッセージの日

待っていた朗報が届く。勉強が捗る。外に出たくなる日。

20 mon メッセージの日 ▶ 家の日 　　　　　　　　　　　[ボイド 06:23～07:42]

生活環境や身内に目が向かう。原点回帰。◆太陽が「任務」のハウスへ。1年のサイクルの中で「健康・任務・日常」を再構築するとき。

21 tue 家の日 　　　　　　　　　　　　　　　　　　　[ボイド 13:47～]

「普段の生活」が充実。身内との関係強化。環境改善ができる。

22 wed 家の日 ▶ 愛の日 　　　　　　　　　　　　　　[ボイド～14:01]

愛の追い風が吹く。好きなことができる。

23 thu 愛の日

愛について嬉しいことがある。子育て、趣味、創作にも追い風が。

24 fri 愛の日 ▶ メンテナンスの日 　　　　　　　　　　　[ボイド 11:10～22:22]

「やりたいこと」から「やるべきこと」へのシフト。

25 sat ● メンテナンスの日

生活や心身の故障部分を修理できる。ケアしたり、されたり。☽「任務」のハウスで新月。新しい生活習慣、新しい任務がスタートするとき。体調の調整。

26 sun メンテナンスの日 　　　　　　　　　　　　　　[ボイド 04:08～]

生活や心身の故障部分を修理できる。ケアしたり、されたり。

27 mon メンテナンスの日 ▶ 人に会う日 　　　　　　　　[ボイド～08:45]

「自分の世界」から「外界」へ出るような節目。

28 tue 人に会う日

人に会ったり、会う約束をしたりする日。出会いの気配も。

29 wed 人に会う日 ▶ プレゼントの日 　　　　　　　　　[ボイド 10:10～20:52]

他者との関係に、さらに一歩踏み込めるように。

30 thu プレゼントの日

人から貴重なものを受け取れる。提案を受ける場面も。

31 fri プレゼントの日

人から貴重なものを受け取れる。提案を受ける場面も。

2 FEBRUARY

1 sat	プレゼントの日 ▶ 旅の日	[ボイド 00:11～09:29]

遠い場所との間に、橋が架かり始める。

2 sun	☾ 旅の日	

遠出したり、遠くから人が訪ねてくれたりする日。発信力も増す。

3 mon	旅の日 ▶ 達成の日	[ボイド 20:29～20:30]

意欲が湧く。はっきりした成果が出る時間へ。
◆水星が「他者」のハウスへ。正面から向き合う対話。調整、交渉。年下との出会い。

4 tue	達成の日

目標に手が届く。結果が出る日。人から認められる場面も。

5 wed	達成の日	[ボイド 23:21～]

目標に手が届く。結果が出る日。人から認められる場面も。

6 thu	達成の日 ▶ 友だちの日	[ボイド～04:04]

肩の力が抜け、伸びやかな気持ちになれる。

7 fri	友だちの日

未来のプランを立てる。友だちと過ごせる。チームワーク。

8 sat	友だちの日 ▶ ひみつの日	[ボイド 00:44～07:46]

ざわめきから少し離れたくなる。自分の時間。
◆金星が「ギフト」のハウスへ。願望の解放と調整、他者への要求、他者からの要求。

9 sun	○ ひみつの日

一人の時間。過去を振り返り、戦略を練る。自分を大事にする。
☾「ひみつ」のハウスで満月。時間をかけて治療してきた傷が癒える。自他を赦し赦される。

10 mon	ひみつの日 ▶ スタートの日	[ボイド 01:10～08:40]

新しいことを始めやすい時間に切り替わる。

11 tue	スタートの日

主役の意識で動く。新しい選択肢を選べる。気持ちが切り替わる。

12 wed	スタートの日 ▶ お金の日	[ボイド 03:27～08:38]

物質面・経済活動が活性化する時間に入る。

13 thu	お金の日

いわゆる「金運がいい」日。実入りが良く、いい買い物もできそう。

14 fri	お金の日 ▶ メッセージの日	[ボイド 06:41～09:39]

「動き」が出てくる。コミュニケーションの活性。

15 sat	メッセージの日

待っていた朗報が届く。勉強が捗る。外に出たくなる日。

乙女座 /366日のカレンダー

16 sun	🌓 メッセージの日 ▶ 家の日　　　　　　　　　　　　[ボイド 07:21〜13:08] 生活環境や身内に目が向かう。原点回帰。 ◆火星が「愛」のハウスへ。情熱的な愛、積極的自己表現。愛と理想のための戦い。
17 mon	家の日 「普段の生活」が充実。身内との関係強化。環境改善ができる。 ◆水星が「他者」のハウスで逆行開始。人間関係の復活、再会。迷路を抜けて人に会う。
18 tue	家の日 ▶ 愛の日　　　　　　　　　　　　　　　　[ボイド 18:04〜19:38] 愛の追い風が吹く。好きなことができる。
19 wed	愛の日 愛について嬉しいことがある。子育て、趣味、創作にも追い風が。 ◆太陽が「他者」のハウスへ。1年のサイクルの中で人間関係を「結び直す」とき。
20 thu	愛の日　　　　　　　　　　　　　　　　　　　　　[ボイド 23:19〜] 愛について嬉しいことがある。子育て、趣味、創作にも追い風が。
21 fri	愛の日 ▶ メンテナンスの日　　　　　　　　　　　　[ボイド〜04:43] 「やりたいこと」から「やるべきこと」へのシフト。
22 sat	メンテナンスの日　　　　　　　　　　　　　　　　[ボイド 13:09〜] 生活や心身の故障部分を修理できる。ケアしたり、されたり。
23 sun	メンテナンスの日 ▶ 人に会う日　　　　　　　　　　[ボイド〜15:38] 「自分の世界」から「外界」へ出るような節目。
24 mon	● 人に会う日 人に会ったり、会う約束をしたりする日。出会いの気配も。 🌑「他者」のハウスで新月。出会いのとき。誰かとの関係が刷新。未来への約束を交わす。
25 tue	人に会う日　　　　　　　　　　　　　　　　　　　[ボイド 23:13〜] 人に会ったり、会う約束をしたりする日。出会いの気配も。
26 wed	人に会う日 ▶ プレゼントの日　　　　　　　　　　　[ボイド〜03:48] 他者との関係に、さらに一歩踏み込めるように。
27 thu	プレゼントの日 人から貴重なものを受け取れる。提案を受ける場面も。
28 fri	プレゼントの日 ▶ 旅の日　　　　　　　　　　　　　[ボイド 12:26〜16:31] 遠い場所との間に、橋が架かり始める。
29 sat	旅の日 遠出したり、遠くから人が訪ねてくれたりする日。発信力も増す。

3 MARCH

1 sun 旅の日
遠出したり、遠くから人が訪ねてくれたりする日。発信力も増す。

2 mon 旅の日 ▶ 達成の日 　　　　　　　　　　　　　　[ボイド 00:53〜04:22]
意欲が湧く。はっきりした成果が出る時間へ。

3 tue ●達成の日
目標に手が届く。結果が出る日。人から認められる場面も。

4 wed 達成の日 ▶ 友だちの日 　　　　　　　　　　　[ボイド 11:21〜13:26]
肩の力が抜け、伸びやかな気持ちになれる。
◆逆行中の水星が「任務」のハウスへ。生活、健康面での「見落とし」を軌道修正できる。

5 thu 友だちの日
未来のプランを立てる。友だちと過ごせる。チームワーク。
◆金星が「旅」のハウスへ。楽しい旅の始まり、旅の仲間。研究の果実。距離を越える愛。

6 fri 友だちの日 ▶ ひみつの日 　　　　　　　　　　[ボイド 16:13 -18:29]
ざわめきから少し離れたくなる。自分の時間。

7 sat ひみつの日
一人の時間。過去を振り返り、戦略を練る。自分を大事にする。

8 sun ひみつの日 ▶ スタートの日 　　　　　　　　　[ボイド 17:14〜19:48]
新しいことを始めやすい時間に切り替わる。

9 mon スタートの日
主役の意識で動く。新しい選択肢を選べる。気持ちが切り替わる。

10 tue ○スタートの日 ▶ お金の日 　　　　　　　　　[ボイド 17:33〜19:04]
物質面・経済活動が活性化する時間に入る。
☽「自分」のハウスで満月。現在の自分を受け入れられる。誰かに受け入れてもらえる。◆水星が「任務」のハウスで順行へ。体調が整い、やるべきことがはっきり見えてくる。

11 wed お金の日
いわゆる「金運がいい」日。実入りが良く、いい買い物もできそう。

12 thu お金の日 ▶ メッセージの日 　　　　　　　　　[ボイド 17:13〜18:29]
「動き」が出てくる。コミュニケーションの活性。

13 fri メッセージの日
待っていた朗報が届く。勉強が捗る。外に出たくなる日。

14 sat メッセージの日 ▶ 家の日 　　　　　　　　　　[ボイド 19:07〜20:10]
生活環境や身内に目が向かう。原点回帰。

15 sun 家の日
「普段の生活」が充実。身内との関係強化。環境改善ができる。

乙女座 /366日のカレンダー

16 mon 🌑 家の日 　　　　　　　　　　　　　　　　　　　　[ボイド 18:35〜]
「普段の生活」が充実。身内との関係強化。環境改善ができる。
◆再び水星が「他者」のハウスへ。人間関係が正常化へ。誤解が解け、対話が豊かになる。

17 tue 家の日 ▶ 愛の日 　　　　　　　　　　　　　　　　　[ボイド〜01:26]
愛の追い風が吹く。好きなことができる。

18 wed 愛の日
愛について嬉しいことがある。子育て、趣味、創作にも追い風が。

19 thu 愛の日 ▶ メンテナンスの日 　　　　　　　　　　　[ボイド 09:49〜10:17]
「やりたいこと」から「やるべきこと」へのシフト。

20 fri メンテナンスの日 　　　　　　　　　　　　　　　　　[ボイド 18:01〜]
生活や心身の故障部分を修理できる。ケアしたり、されたり。
◆太陽が「ギフト」のハウスへ。経済的授受のバランスを見直すとき。

21 sat メンテナンスの日 ▶ 人に会う日 　　　　　　　　　[ボイド〜21:34]
「自分の世界」から「外界」へ出るような節目。

22 sun 人に会う日
人に会ったり、会う約束をしたりする日。出会いの気配も。
◆土星が「任務」のハウスへ。「役割・責任」が重みを増してゆく。

23 mon 人に会う日 　　　　　　　　　　　　　　　　　　　　[ボイド 23:52〜]
人に会ったり、会う約束をしたりする日。出会いの気配も。

24 tue ● 人に会う日 ▶ プレゼントの日 　　　　　　　　　[ボイド〜09:59]
他者との関係に、さらに一歩踏み込めるように。
☽「ギフト」のハウスで新月。心の扉が開かれる。誰かに導かれての経験。何らかの許可。

25 wed プレゼントの日
人から貴重なものを受け取れる。提案を受ける場面も。

26 thu プレゼントの日 ▶ 旅の日 　　　　　　　　　　　　[ボイド 16:18〜22:38]
遠い場所との間に、橋が架かり始める。

27 fri 旅の日
遠出したり、遠くから人が訪ねてくれたりする日。発信力も増す。

28 sat 旅の日
遠出したり、遠くから人が訪ねてくれたりする日。発信力も増す。

29 sun 旅の日 ▶ 達成の日 　　　　　　　　　　　　　　　[ボイド 08:06〜10:39]
意欲が湧く。はっきりした成果が出る時間へ。

30 mon 達成の日
目標に手が届く。結果が出る日。人から認められる場面も。

31 tue 達成の日 ▶ 友だちの日 　　　　　　　　　　　　　[ボイド 00:11〜20:44]
肩の力が抜け、伸びやかな気持ちになれる。
◆火星が「任務」のハウスへ。多忙期。長く走り続けるための必要条件を、戦って勝ち取る。

57

4 APRIL

1 wed	◐ 友だちの日	
	未来のプランを立てる。友だちと過ごせる。チームワーク。	

2 thu	友だちの日	
	未来のプランを立てる。友だちと過ごせる。チームワーク。	

3 fri	友だちの日 ▶ ひみつの日	[ボイド 01:50〜03:27]
	ざわめきから少し離れたくなる。自分の時間。	

4 sat	ひみつの日	[ボイド 04:30〜]
	一人の時間。過去を振り返り、戦略を練る。自分を大事にする。◆金星が「目標と結果」のハウスへ。目標達成と勲章。気軽に摑めるチャンス。嬉しい配役。	

5 sun	ひみつの日 ▶ スタートの日	[ボイド〜06:20]
	新しいことを始めやすい時間に切り替わる。	

6 mon	スタートの日	[ボイド 22:30〜]
	主役の意識で動く。新しい選択肢を選べる。気持ちが切り替わる。	

7 tue	スタートの日 ▶ お金の日	[ボイド〜06:17]
	物質面・経済活動が活性化する時間に入る。	

8 wed	○ お金の日	[ボイド 21:51〜]
	いわゆる「金運がいい」日。実入りが良く、いい買い物もできそう。☾「生産」のハウスで満月。経済的・物質的な努力が実り、収穫が得られる。特別な満足。	

9 thu		[ボイド〜05:18]
	「動き」が出てくる。コミュニケーションの活性。	

10 fri	メッセージの日	
	待っていた朗報が届く。勉強が捗る。外に出たくなる日。	

11 sat	メッセージの日 ▶ 家の日	[ボイド 04:36〜05:36]
	生活環境や身内に目が向かう。原点回帰。◆水星が「ギフト」のハウスへ。マネジメント。コンサルテーション。カウンセリング。	

12 sun	家の日	[ボイド 20:47〜]
	「普段の生活」が充実。身内との関係強化。環境改善ができる。	

13 mon	家の日 ▶ 愛の日	[ボイド〜09:06]
	愛の追い風が吹く。好きなことができる。	

14 tue	愛の日	
	愛について嬉しいことがある。子育て、趣味、創作にも追い風が。	

15 wed	◐ 愛の日 ▶ メンテナンスの日	[ボイド 08:49〜16:38]
	「やりたいこと」から「やるべきこと」へのシフト。	

16 thu	メンテナンスの日	
	生活や心身の故障部分を修理できる。ケアしたり、されたり。	
17 fri	メンテナンスの日	[ボイド 23:35～]
	生活や心身の故障部分を修理できる。ケアしたり、されたり。	
18 sat	メンテナンスの日 ▶人に会う日	[ボイド～03:31]
	「自分の世界」から「外界」へ出るような節目。	
19 sun	人に会う日	
	人に会ったり、会う約束をしたりする日。出会いの気配も。 ◆太陽が「旅」のハウスへ。1年のサイクルの中で「精神的成長」を確認するとき。	
20 mon	人に会う日 ▶プレゼントの日	[ボイド 08:32～16:01]
	他者との関係に、さらに一歩踏み込めるように。	
21 tue	プレゼントの日	
	人から貴重なものを受け取れる。提案を受ける場面も。	
22 wed	プレゼントの日	[ボイド 21:33～]
	人から貴重なものを受け取れる。提案を受ける場面も。	
23 thu	●プレゼントの日 ▶旅の日	[ボイド～04:37]
	遠い場所との間に、橋が架かり始める。 ♎「旅」のハウスで新月。旅に出発する。専門分野を開拓し始める。矢文を放つ。	
24 fri	旅の日	
	遠出したり、遠くから人が訪ねてくれたりする日。発信力も増す。	
25 sat	旅の日 ▶達成の日	[ボイド 09:44～16:21]
	意欲が湧く。はっきりした成果が出る時間へ。	
26 sun	達成の日	
	目標に手が届く。結果が出る日。人から認められる場面も。 ◆冥王星が「愛」のハウスで逆行開始。愛に何を求めているのか、問い直す時期へ。	
27 mon	達成の日	
	目標に手が届く。結果が出る日。人から認められる場面も。	
28 tue	達成の日 ▶友だちの日	[ボイド 02:01～02:29]
	肩の力が抜け、伸びやかな気持ちになれる。 ◆水星が「旅」のハウスへ。軽やかな旅立ち。勉強や研究に追い風が。導き手に恵まれる。	
29 wed	友だちの日	
	未来のプランを立てる。友だちと過ごせる。チームワーク。	
30 thu	友だちの日 ▶ひみつの日	[ボイド 04:31～10:07]
	ざわめきから少し離れたくなる。自分の時間。	

5 MAY

1 fri ●ひみつの日
一人の時間。過去を振り返り、戦略を練る。自分を大事にする。

2 sat ひみつの日▶スタートの日　　　　　　　　　　　　[ボイド 01:05〜14:36]
新しいことを始めやすい時間に切り替わる。

3 sun スタートの日
主役の意識で動く。新しい選択肢を選べる。気持ちが切り替わる。

4 mon スタートの日▶お金の日　　　　　　　　　　　　[ボイド 11:26〜16:11]
物質面・経済活動が活性化する時間に入る。

5 tue お金の日
いわゆる「金運がいい」日。実入りが良く、いい買い物もできそう。

6 wed お金の日▶メッセージの日　　　　　　　　　　　[ボイド 11:32〜16:06]
「動き」が出てくる。コミュニケーションの活性。

7 thu ○メッセージの日
待っていた朗報が届く。勉強が捗る。外に出たくなる日。
☽「コミュニケーション」のハウスで満月。勉強や対話の蓄積が実を結ぶ。意思疎通が叶う。

8 fri メッセージの日▶家の日　　　　　　　　　　　　[ボイド 11:40〜16:16]
生活環境や身内に目が向かう。原点回帰。

9 sat 家の日
「普段の生活」が充実。身内との関係強化。環境改善ができる。

10 sun 家の日▶愛の日　　　　　　　　　　　　　　　[ボイド 15:12〜18:40]
愛の追い風が吹く。好きなことができる。

11 mon 愛の日
愛について嬉しいことがある。子育て、趣味、創作にも追い風が。
◆土星が「任務」のハウスで逆行開始。責任感や義務感を緩めて、時間をゆったり使う。

12 tue 愛の日　　　　　　　　　　　　　　　　　　　[ボイド 19:31〜]
愛について嬉しいことがある。子育て、趣味、創作にも追い風が。
◆水星が「目標と結果」のハウスへ。ここから忙しくなる。新しい課題、ミッション、使命。

13 wed 愛の日▶メンテナンスの日　　　　　　　　　　　[ボイド〜00:40]
「やりたいこと」から「やるべきこと」へのシフト。
◆火星が「他者」のハウスへ。摩擦を厭わぬ対決。一対一の勝負。熱い交渉。人からの刺激。◆金星が「目標と結果」のハウスで逆行開始。怠惰や寄り道も、最終的には成果に繋がる。

14 thu ◗メンテナンスの日　　　　　　　　　　　　　　[ボイド 23:04〜]
生活や心身の故障部分を修理できる。ケアしたり、されたり。
◆木星が「愛」のハウスで逆行開始。愛の成長が「熟成期間」へ。じっくり愛に向き合うとき。

乙女座 / 366日のカレンダー

15 fri	メンテナンスの日 ▶ 人に会う日		[ボイド～10:26]
	「自分の世界」から「外界」へ出るような節目。		
16 sat	人に会う日		
	人に会ったり、会う約束をしたりする日。出会いの気配も。		
17 sun	人に会う日 ▶ プレゼントの日		[ボイド 17:00～22:37]
	他者との関係に、さらに一歩踏み込めるように。		
18 mon	プレゼントの日		
	人から貴重なものを受け取れる。提案を受ける場面も。		
19 tue	プレゼントの日		
	人から貴重なものを受け取れる。提案を受ける場面も。		
20 wed	プレゼントの日 ▶ 旅の日		[ボイド 05:34～11:12]
	遠い場所との間に、橋が架かり始める。 ◆太陽が「目標と結果」のハウスへ。「目標と達成」を確認するとき。		
21 thu	旅の日		
	遠出したり、遠くから人が訪ねてくれたりする日。発信力も増す。		
22 fri	旅の日 ▶ 達成の日		[ボイド 17:02～22:37]
	意欲が湧く。はっきりした成果が出る時間へ。		
23 sat	●達成の日		
	目標に手が届く。結果が出る日。人から認められる場面も。 ☽「目標と結果」のハウスで新月。新しいミッションが始まる。		
24 sun	達成の日		[ボイド 20:11～]
	目標に手が届く。結果が出る日。人から認められる場面も。		
25 mon	達成の日 ▶ 友だちの日		[ボイド～08:10]
	肩の力が抜け、伸びやかな気持ちになれる。		
26 tue	友だちの日		
	未来のプランを立てる。友だちと過ごせる。チームワーク。		
27 wed	友だちの日 ▶ ひみつの日		[ボイド 10:07～15:34]
	ざわめきから少し離れたくなる。自分の時間。		
28 thu	ひみつの日		[ボイド 22:31～]
	一人の時間。過去を振り返り、戦略を練る。自分を大事にする。		
29 fri	ひみつの日 ▶ スタートの日		[ボイド～20:41]
	新しいことを始めやすい時間に切り替わる。 ◆水星が「夢と友」のハウスへ。仲間に恵まれる爽やかな季節。友と夢を語る。新しい計画。		
30 sat	◐スタートの日		
	主役の意識で動く。新しい選択肢を選べる。気持ちが切り替わる。		
31 sun	スタートの日 ▶ お金の日		[ボイド 18:18～23:39]
	物質面・経済活動が活性化する時間に入る。		

6 JUNE

1 mon　お金の日
いわゆる「金運がいい」日。実入りが良く、いい買い物もできそう。

2 tue　お金の日　　　　　　　　　　　　　　　　　　　　　　　[ボイド 19:41〜]
いわゆる「金運がいい」日。実入りが良く、いい買い物もできそう。

3 wed　お金の日 ▶ メッセージの日　　　　　　　　　　　　　　[ボイド〜01:07]
「動き」が出てくる。コミュニケーションの活性。

4 thu　メッセージの日　　　　　　　　　　　　　　　　　　　　[ボイド 20:38〜]
待っていた朗報が届く。勉強が捗る。外に出たくなる日。

5 fri　メッセージの日 ▶ 家の日　　　　　　　　　　　　　　　[ボイド〜02:18]
生活環境や身内に目が向かう。原点回帰。

6 sat　○家の日　　　　　　　　　　　　　　　　　　　　　　　[ボイド 13:12〜]
「普段の生活」が充実。身内との関係強化。環境改善ができる。
☾「家」のハウスで月食。居場所や家族に関して、特別な変化が起こるかも。大切な節目。

7 sun　家の日 ▶ 愛の日　　　　　　　　　　　　　　　　　　　[ボイド〜04:45]
愛の追い風が吹く。好きなことができる。

8 mon　愛の日
愛について嬉しいことがある。子育て、趣味、創作にも追い風が。

9 tue　愛の日 ▶ メンテナンスの日　　　　　　　　　　　　　　[ボイド 03:07〜09:55]
「やりたいこと」から「やるべきこと」へのシフト。

10 wed　メンテナンスの日　　　　　　　　　　　　　　　　　　[ボイド 23:36〜]
生活や心身の故障部分を修理できる。ケアしたり、されたり。

11 thu　メンテナンスの日 ▶ 人に会う日　　　　　　　　　　　　[ボイド〜18:33]
「自分の世界」から「外界」へ出るような節目。

12 fri　人に会う日
人に会ったり、会う約束をしたりする日。出会いの気配も。

13 sat　◐人に会う日　　　　　　　　　　　　　　　　　　　　　[ボイド 21:46〜]
人に会ったり、会う約束をしたりする日。出会いの気配も。

14 sun　人に会う日 ▶ プレゼントの日　　　　　　　　　　　　　[ボイド〜06:04]
他者との関係に、さらに一歩踏み込めるように。

15 mon　プレゼントの日
人から貴重なものを受け取れる。提案を受ける場面も。

16 tue　プレゼントの日 ▶ 旅の日　　　　　　　　　　　　　　　[ボイド 09:51〜18:37]
遠い場所との間に、橋が架かり始める。

17 wed　旅の日
遠出したり、遠くから人が訪ねてくれたりする日。発信力も増す。

乙女座 / 366日のカレンダー

18 thu	旅の日	[ボイド 21:03〜]
	遠出したり、遠くから人が訪ねてくれたりする日。発信力も増す。◆水星が「夢と友」のハウスで逆行開始。古い交友関係の復活、過去からもたらされる恵み。	

19 fri	旅の日 ▶達成の日	[ボイド〜06:01]
	意欲が湧く。はっきりした成果が出る時間へ。	

20 sat	達成の日	
	目標に手が届く。結果が出る日。人から認められる場面も。	

21 sun	●達成の日 ▶友だちの日	[ボイド 06:49〜15:03]
	肩の力が抜け、伸びやかな気持ちになれる。☾「夢と友」のハウスで日食。友や仲間との特別な出会いがあるかも。新しい夢を見つける。◆太陽が「夢と友」のハウスへ。1年のサイクルの中で「友」「未来」に目を向ける季節へ。	

22 mon	友だちの日	
	未来のプランを立てる。友だちと過ごせる。チームワーク。	

23 tue	友だちの日 ▶ひみつの日	[ボイド 16:22〜21:34]
	ざわめきから少し離れたくなる。自分の時間。◆海王星が「他者」のハウスで逆行開始。他者の複雑さの中に、自分の複雑さを映し見る。	

24 wed	ひみつの日	[ボイド 14:35〜]
	一人の時間。過去を振り返り、戦略を練る。自分を大事にする。	

25 thu	ひみつの日	[終日ボイド]
	一人の時間。過去を振り返り、戦略を練る。自分を大事にする。◆金星が「目標と結果」のハウスで順行へ。高評価を受けられるようになる。自信の回復。	

26 fri	ひみつの日 ▶スタートの日	[ボイド〜02:06]
	新しいことを始めやすい時間に切り替わる。	

27 sat	スタートの日	
	主役の意識で動く。新しい選択肢を選べる。気持ちが切り替わる。	

28 sun	☽スタートの日 ▶お金の日	[ボイド 05:03〜05:18]
	物質面・経済活動が活性化する時間に入る。◆火星が「ギフト」のハウスへ。誘惑と情熱の呼応。生命の融合。支配。配当。負債の解消。	

29 mon	お金の日	[ボイド 22:03〜]
	いわゆる「金運がいい」日。実入りが良く、いい買い物もできそう。	

30 tue	お金の日 ▶メッセージの日	[ボイド〜07:49]
	「動き」が出てくる。コミュニケーションの活性。	

7 JULY

1 wed メッセージの日
待っていた朗報が届く。勉強が捗る。外に出たくなる日。

2 thu メッセージの日 ▶ 家の日　　　　　　　　　　　　　　[ボイド 10:22〜10:22]
生活環境や身内に目が向かう。原点回帰。
◆土星が「愛」のハウスへ引き返す。過去1、2年の「愛の物語」を振り返る時間へ。

3 fri 家の日　　　　　　　　　　　　　　　　　　　　　　[ボイド 22:07〜]
「普段の生活」が充実。身内との関係強化。環境改善ができる。

4 sat 家の日 ▶ 愛の日　　　　　　　　　　　　　　　　　[ボイド〜13:49]
愛の追い風が吹く。好きなことができる。

5 sun ○愛の日
愛について嬉しいことがある。子育て、趣味、創作にも追い風が。
☾「愛」のハウスで月食。愛が特別な形で「満ちる」節目。愛のマイルストーン。

6 mon 愛の日 ▶ メンテナンスの日　　　　　　　　　　　　[ボイド 18:36〜19:09]
「やりたいこと」から「やるべきこと」へのシフト。

7 tue メンテナンスの日　　　　　　　　　　　　　　　　　[ボイド 13:39〜]
生活や心身の故障部分を修理できる。ケアしたり、されたり。

8 wed メンテナンスの日　　　　　　　　　　　　　　　　　　[終日ボイド]
生活や心身の故障部分を修理できる。ケアしたり、されたり。

9 thu メンテナンスの日 ▶ 人に会う日　　　　　　　　　　　[ボイド〜03:14]
「自分の世界」から「外界」へ出るような節目。

10 fri 人に会う日
人に会ったり、会う約束をしたりする日。出会いの気配も。

11 sat 人に会う日 ▶ プレゼントの日　　　　　　　　　　　[ボイド 12:50〜14:07]
他者との関係に、さらに一歩踏み込めるように。

12 sun プレゼントの日
人から貴重なものを受け取れる。提案を受ける場面も。
◆水星が「夢と友」のハウスで順行へ。交友関係の正常化、ネットワークの拡張が再開する。

13 mon ◐プレゼントの日
人から貴重なものを受け取れる。提案を受ける場面も。

14 tue プレゼントの日 ▶ 旅の日　　　　　　　　　　　　　[ボイド 00:55〜02:35]
遠い場所との間に、橋が架かり始める。

15 wed 旅の日
遠出したり、遠くから人が訪ねてくれたりする日。発信力も増す。

16 thu	旅の日 ▶ 達成の日	[ボイド 12:22〜14:20]
	意欲が湧く。はっきりした成果が出る時間へ。	
17 fri	達成の日	
	目標に手が届く。結果が出る日。人から認められる場面も。	
18 sat	達成の日 ▶ 友だちの日	[ボイド 06:16〜23:25]
	肩の力が抜け、伸びやかな気持ちになれる。	
19 sun	友だちの日	
	未来のプランを立てる。友だちと過ごせる。チームワーク。	
20 mon	友だちの日	
	未来のプランを立てる。友だちと過ごせる。チームワーク。	
21 tue	● 友だちの日 ▶ ひみつの日	[ボイド 02:56〜05:17]
	ざわめきから少し離れたくなる。自分の時間。 ☽「夢と友」のハウスで新月。新しい仲間や友に出会えるとき。夢が生まれる。迷いが晴れる。	
22 wed	ひみつの日	[ボイド 09:28〜]
	一人の時間。過去を振り返り、戦略を練る。自分を大事にする。 ◆太陽が「ひみつ」のハウスへ。新しい1年を目前にしての、振り返りと準備の時期。	
23 thu	ひみつの日 ▶ スタートの日	[ボイド〜08:41]
	新しいことを始めやすい時間に切り替わる。	
24 fri	スタートの日	
	主役の意識で動く。新しい選択肢を選べる。気持ちが切り替わる。	
25 sat	スタートの日 ▶ お金の日	[ボイド 08:09〜10:55]
	物質面・経済活動が活性化する時間に入る。	
26 sun	お金の日	
	いわゆる「金運がいい」日。実入りが良く、いい買い物もできそう。	
27 mon	◐ お金の日 ▶ メッセージの日	[ボイド 10:10〜13:13]
	「動き」が出てくる。コミュニケーションの活性。	
28 tue	メッセージの日	
	待っていた朗報が届く。勉強が捗る。外に出たくなる日。	
29 wed	メッセージの日 ▶ 家の日	[ボイド 13:02〜16:26]
	生活環境や身内に目が向かう。原点回帰。	
30 thu	家の日	
	「普段の生活」が充実。身内との関係強化。環境改善ができる。	
31 fri	家の日 ▶ 愛の日	[ボイド 09:09〜20:59]
	愛の追い風が吹く。好きなことができる。	

8 AUGUST

1 sat 愛の日
愛について嬉しいことがある。子育て、趣味、創作にも追い風が。

2 sun 愛の日 　　　　　　　　　　　　　　　　　　　　　　　　　[ボイド 23:01〜]
愛について嬉しいことがある。子育て、趣味、創作にも追い風が。

3 mon 愛の日 ▶ メンテナンスの日 　　　　　　　　　　　　　　　[ボイド〜03:12]
「やりたいこと」から「やるべきこと」へのシフト。

4 tue 〇 メンテナンスの日
生活や心身の故障部分を修理できる。ケアしたり、されたり。
☾「任務」のハウスで満月。日々の努力や蓄積が「実る」。自他の体調のケアに留意。

5 wed メンテナンスの日 ▶ 人に会う日 　　　　　　　　　　　[ボイド 06:47〜11:29]
「自分の世界」から「外界」へ出るような節目。
◆水星が「ひみつ」のハウスへ。思考が深まる。思索、瞑想、誰かのための勉強。記録の精査。

6 thu 人に会う日
人に会ったり、会う約束をしたりする日。出会いの気配も。

7 fri 人に会う日 ▶ プレゼントの日 　　　　　　　　　　　　[ボイド 21:55〜22:06]
他者との関係に、さらに一歩踏み込めるように。

8 sat プレゼントの日
人から貴重なものを受け取れる。提案を受ける場面も。
◆金星が「夢と友」のハウスへ。友や仲間との交流が華やかに。「恵み」を受け取れる。

9 sun プレゼントの日
人から貴重なものを受け取れる。提案を受ける場面も。

10 mon プレゼントの日 ▶ 旅の日 　　　　　　　　　　　　　[ボイド 04:51〜10:29]
遠い場所との間に、橋が架かり始める。

11 tue 旅の日
遠出したり、遠くから人が訪ねてくれたりする日。発信力も増す。

12 wed ◐ 旅の日 ▶ 達成の日 　　　　　　　　　　　　　　　　[ボイド 16:56〜22:47]
意欲が湧く。はっきりした成果が出る時間へ。

13 thu 達成の日
目標に手が届く。結果が出る日。人から認められる場面も。

14 fri 達成の日 　　　　　　　　　　　　　　　　　　　　　　　　[ボイド 20:20〜]
目標に手が届く。結果が出る日。人から認められる場面も。

15 sat 達成の日 ▶ 友だちの日 　　　　　　　　　　　　　　　　　[ボイド〜08:37]
肩の力が抜け、伸びやかな気持ちになれる。
◆天王星が「旅」のハウスで逆行開始。自由の意義を探究する時間へ。信念への自己批判。

16 sun	友だちの日	
	未来のプランを立てる。友だちと過ごせる。チームワーク。	
17 mon	友だちの日　ひみつの日	[ボイド 09:00〜14:40]
	ざわめきから少し離れたくなる。自分の時間。	
18 tue	ひみつの日	
	一人の時間。過去を振り返り、戦略を練る。自分を大事にする。	
19 wed	●ひみつの日 ▶スタートの日	[ボイド 14:39〜17:21]
	新しいことを始めやすい時間に切り替わる。 「ひみつ」のハウスで新月。密かな迷いから解放される。自他を救うための行動を起こす。	
20 thu	スタートの日	
	一人の時間。過去を振り返り、戦略を練る。自分を大事にする。 ◆水星が「自分」のハウスへ。知的活動が活性化。若々しい気持ち、行動力。発言力の強化。	
21 fri	スタートの日 ▶お金の日	[ボイド 12:38〜18:17]
	物質面・経済活動が活性化する時間に入る。	
22 sat	お金の日	
	いわゆる「金運がいい」日。実入りが良く、いい買い物もできそう。	
23 sun	お金の日 ▶メッセージの日	[ボイド 13:21〜19:17]
	「動き」が出てくる。コミュニケーションの活性。 ◆太陽が「自分」のハウスへ。お誕生月の始まり、新しい1年への「扉」を開くとき。	
24 mon	メッセージの日	
	待っていた朗報が届く。勉強が捗る。外に出たくなる日。	
25 tue	メッセージの日 ▶家の日	[ボイド 15:28〜21:50]
	生活環境や身内に目が向かう。原点回帰。	
26 wed	◐家の日	
	「普段の生活」が充実。身内との関係強化。環境改善ができる。	
27 thu	家の日	[ボイド 21:01〜]
	「普段の生活」が充実。身内との関係強化。環境改善ができる。	
28 fri	家の日 ▶愛の日	[ボイド〜02:38]
	愛の追い風が吹く。好きなことができる。	
29 sat	愛の日	
	愛について嬉しいことがある。子育て、趣味、創作にも追い風が。	
30 sun	愛の日 ▶メンテナンスの日	[ボイド 04:32〜09:38]
	「やりたいこと」から「やるべきこと」へのシフト。	
31 mon	メンテナンスの日	
	生活や心身の故障部分を修理できる。ケアしたり、されたり。	

9 SEPTEMBER

1 tue	メンテナンスの日 ▶ 人に会う日	[ボイド 13:57〜18:35]

「自分の世界」から「外界」へ出るような節目。

2 wed	○人に会う日	

人に会ったり、会う約束をしたりする日。出会いの気配も。
☽「他者」のハウスで満月。誰かとの一対一の関係が「満ちる」。交渉の成立、契約。

3 thu	人に会う日	[ボイド 23:35〜]

人に会ったり、会う約束をしたりする日。出会いの気配も。

4 fri	人に会う日 ▶ プレゼントの日	[ボイド〜05:23]

他者との関係に、さらに一歩踏み込めるように。

5 sat	プレゼントの日	

人から貴重なものを受け取れる。提案を受ける場面も。

6 sun	プレゼントの日 ▶ 旅の日	[ボイド 13:46〜17:45]

遠い場所との間に、橋が架かり始める。
◆水星が「生産」のハウスへ。経済活動に知性を活かす。情報収集、経営戦略、在庫整理。◆金星が「ひみつ」のハウスへ。これ以降、純粋な愛情から行動できる。一人の時間の充実。

7 mon	旅の日	

遠出したり、遠くから人が訪ねてくれたりする日。発信力も増す。

8 tue	旅の日	[ボイド 21:48〜]

遠出したり、遠くから人が訪ねてくれたりする日。発信力も増す。

9 wed	旅の日 ▶ 達成の日	[ボイド〜06:29]

意欲が湧く。はっきりした成果が出る時間へ。

10 thu	☾達成の日	

目標に手が届く。結果が出る日。人から認められる場面も。
◆火星が「ギフト」のハウスで逆行開始。貸し借りの見積もりを再考し、力関係を整理する。

11 fri	達成の日 ▶ 友だちの日	[ボイド 13:49〜17:24]

肩の力が抜け、伸びやかな気持ちになれる。

12 sat	友だちの日	

未来のプランを立てる。友だちと過ごせる。チームワーク。

13 sun	友だちの日	[ボイド 21:06〜]

未来のプランを立てる。友だちと過ごせる。チームワーク。
◆木星が「愛」のハウスで順行へ。愛がまっすぐな成長の軌道に戻る。愛への信頼回復。

14 mon	友だちの日 ▶ ひみつの日	[ボイド〜00:34]

ざわめきから少し離れたくなる。自分の時間。

15 tue	ひみつの日	一人の時間。過去を振り返り、戦略を練る。自分を大事にする。
16 wed	ひみつの日 ▶ スタートの日	[ボイド 00:11～03:38] 新しいことを始めやすい時間に切り替わる。
17 thu	●スタートの日	[ボイド 20:43～] 主役の意識で動く。新しい選択肢を選べる。気持ちが切り替わる。 ♌「自分」のハウスで新月。大切なことがスタートする節目。
18 fri	スタートの日 ▶ お金の日	[ボイド～03:57] 物質面・経済活動が活性化する時間に入る。
19 sat	お金の日	[ボイド 23:30～] いわゆる「金運がいい」日。実入りが良く、いい買い物もできそう。
20 sun	お金の日 ▶ メッセージの日	[ボイド～03:34] 「動き」が出てくる。コミュニケーションの活性。
21 mon	メッセージの日	待っていた朗報が届く。勉強が捗る。外に出たくなる日。
22 tue	メッセージの日 ▶ 家の日	[ボイド 03:14～04:33] 生活環境や身内に目が向かう。原点回帰。 ◆太陽が「生産」のハウスへ。「物質的・経済的土台」を整備する。
23 wed	家の日	「普段の生活」が充実。身内との関係強化。環境改善ができる。
24 thu	◐家の日 ▶ 愛の日	[ボイド 02:33～08:17] 愛の追い風が吹く。好きなことができる。
25 fri	愛の日	愛について嬉しいことがある。子育て、趣味、創作にも追い風が。
26 sat	愛の日 ▶ メンテナンスの日	[ボイド 12:37～15:09] 「やりたいこと」から「やるべきこと」へのシフト。
27 sun	メンテナンスの日	生活や心身の故障部分を修理できる。ケアしたり、されたり。 ◆水星が「コミュニケーション」のハウスへ。知的活動の活性化。
28 mon	メンテナンスの日	[ボイド 16:19～] 生活や心身の故障部分を修理できる。ケアしたり、されたり。
29 tue	メンテナンスの日 ▶ 人に会う日	[ボイド～00:35] 「自分の世界」から「外界」へ出るような節目。 ◆土星が「愛」のハウスで順行へ。一針一針愛を縫い上げる作業の再開。時間のかかる創造。
30 wed	人に会う日	人に会ったり、会う約束をしたりする日。出会いの気配も。

10 OCTOBER

1 thu	人に会う日 ▶ プレゼントの日	[ボイド 02:31〜11:48]

他者との関係に、さらに一歩踏み込めるように。

2 fri	🌕 プレゼントの日	

人から貴重なものを受け取れる。提案を受ける場面も。
☽「ギフト」のハウスで満月。人から「満を持して」手渡されるものがある。他者との融合。

3 sat	プレゼントの日	[ボイド 14:48〜]

人から貴重なものを受け取れる。提案を受ける場面も。
◆金星が「自分」のハウスに。あなたの魅力が輝く季節の到来。愛に恵まれる楽しい日々へ。

4 sun	プレゼントの日 ▶ 旅の日	[ボイド〜00:14]

遠い場所との間に、橋が架かり始める。
◆冥王星が「愛」のハウスで順行へ。愛への欲望の泉が再び湧き始める。親和力の肯定。

5 mon	旅の日

遠出したり、遠くから人が訪ねてくれたりする日。発信力も増す。

6 tue	旅の日 ▶ 達成の日	[ボイド 03:42〜13:04]

意欲が湧く。はっきりした成果が出る時間へ。

7 wed	達成の日

目標に手が届く。結果が出る日。人から認められる場面も。

8 thu	達成の日	[ボイド 10:58〜]

目標に手が届く。結果が出る日。人から認められる場面も。

9 fri	達成の日 ▶ 友だちの日	[ボイド〜00:47]

肩の力が抜け、伸びやかな気持ちになれる。

10 sat	☽ 友だちの日	

未来のプランを立てる。友だちと過ごせる。チームワーク。

11 sun	友だちの日 ▶ ひみつの日	[ボイド 01:05〜09:26]

ざわめきから少し離れたくなる。自分の時間。

12 mon	ひみつの日	[ボイド 23:31〜]

一人の時間。過去を振り返り、戦略を練る。自分を大事にする。

13 tue	ひみつの日 ▶ スタートの日	[ボイド〜13:57]

新しいことを始めやすい時間に切り替わる。

14 wed	スタートの日

主役の意識で動く。新しい選択肢を選べる。気持ちが切り替わる。
◆水星が「コミュニケーション」のハウスで逆行開始。過去に遡る対話。繰り返し語る。

15 thu	スタートの日 ▶ お金の日	[ボイド 07:48〜14:55]

物質面・経済活動が活性化する時間に入る。

16 fri
お金の日
いわゆる「金運がいい」日。実入りが良く、いい買い物もできそう。

17 sat
● お金の日 ▶ メッセージの日　　　　　　　　　　[ボイド 07:13〜14:07]
「動き」が出てくる。コミュニケーションの活性化。
🌙「生産」のハウスで新月。新しい経済活動がスタートする。

18 sun
メッセージの日
待っていた朗報が届く。勉強が捗る。外に出たくなる日。

19 mon
メッセージの日 ▶ 家の日　　　　　　　　　　　　[ボイド 06:44〜13:44]
生活環境や身内に目が向かう。原点回帰。

20 tue
家の日
「普段の生活」が充実。身内との関係強化。環境改善ができる。

21 wed
家の日 ▶ 愛の日　　　　　　　　　　　　　　　　[ボイド 12:39〜15:45]
愛の追い風が吹く。好きなことができる。

22 thu
愛の日
愛について嬉しいことがある。子育て、趣味、創作にも追い風が。

23 fri
◐ 愛の日 ▶ メンテナンスの日　　　　　　　　　　[ボイド 13:36〜21:18]
「やりたいこと」から「やるべきこと」へのシフト。
◆太陽が「コミュニケーション」のハウスへ。対話を再起動する。

24 sat
メンテナンスの日
生活や心身の故障部分を修理できる。ケアしたり、されたり。

25 sun
メンテナンスの日　　　　　　　　　　　　　　　　[ボイド 06:55〜]
生活や心身の故障部分を修理できる。ケアしたり、されたり。

26 mon
メンテナンスの日 ▶ 人に会う日　　　　　　　　　　[ボイド〜06:19]
「自分の世界」から「外界」へ出るような節目。

27 tue
人に会う日
人に会ったり、会う約束をしたりする日。出会いの気配も。

28 wed
人に会う日 ▶ プレゼントの日　　　　　　　　　　　[ボイド 09:47〜17:46]
他者との関係に、さらに一歩踏み込めるように。
◆逆行中の水星が「生産」のハウスへ。経済面で取り戻せるものがある。見落としの精査。◆金星が「生産」のハウスへ。経済活動の活性化、上昇気流。

29 thu
プレゼントの日
人から貴重なものを受け取れる。提案を受ける場面も。

30 fri
プレゼントの日
人から貴重なものを受け取れる。提案を受ける場面も。

31 sat
○ プレゼントの日 ▶ 旅の日　　　　　　　　　　　　[ボイド 01:14〜06:20]
遠い場所との間に、橋が架かり始める。
🌙「旅」のハウスで満月。遠い場所への扉が「満を持して」開かれる。遠くまで声が届く。

11 NOVEMBER

1 sun 旅の日
遠出したり、遠くから人が訪ねてくれたりする日。発信力も増す。

2 mon 旅の日 ▶ 達成の日　　　　　　　　　　　　　　　[ボイド 11:31〜19:01]
意欲が湧く。はっきりした成果が出る時間へ。

3 tue 達成の日
目標に手が届く。結果が出る日。人から認められる場面も。

4 wed 達成の日　　　　　　　　　　　　　　　　　　　[ボイド 22:50〜]
目標に手が届く。結果が出る日。人から認められる場面も。
◆水星が「生産」のハウスで順行へ。経済的混乱が解消していく。物質面での整理を再開。

5 thu 達成の日 ▶ 友だちの日　　　　　　　　　　　　　[ボイド〜06:47]
肩の力が抜け、伸びやかな気持ちになれる。

6 fri 友だちの日
未来のプランを立てる。友だちと過ごせる。チームワーク。

7 sat 友だちの日 ▶ ひみつの日　　　　　　　　　　　　[ボイド 10:28〜16:19]
ざわめきから少し離れたくなる。自分の時間。

8 sun ひみつの日
一人の時間。過去を振り返り、戦略を練る。自分を大事にする。

9 mon ひみつの日 ▶ スタートの日　　　　　　　　　　　[ボイド 20:06〜22:31]
新しいことを始めやすい時間に切り替わる。

10 tue スタートの日
主役の意識で動く。新しい選択肢を選べる。気持ちが切り替わる。

11 wed スタートの日　　　　　　　　　　　　　　　　　[ボイド 20:00〜]
主役の意識で動く。新しい選択肢を選べる。気持ちが切り替わる。
◆再び水星が「コミュニケーション」のハウスへ。対話が自然に再開する。名前を呼ぶ声。

12 thu スタートの日 ▶ お金の日　　　　　　　　　　　　[ボイド〜01:11]
物質面・経済活動が活性化する時間に入る。

13 fri お金の日　　　　　　　　　　　　　　　　　　　[ボイド 20:34〜]
いわゆる「金運がいい」日。実入りが良く、いい買い物もできそう。

14 sat お金の日 ▶ メッセージの日　　　　　　　　　　　[ボイド〜01:20]
「動き」が出てくる。コミュニケーションの活性。
◆火星が「ギフト」のハウスで順行へ。人の積極的な思いを感じられる。熱心さへの対応。

15 sun ● メッセージの日　　　　　　　　　　　　　　　[ボイド 20:14〜]
待っていた朗報が届く。勉強が捗る。外に出たくなる日。
☽「コミュニケーション」のハウスで新月。新しい対話が始まる。学び始める。朗報も。

16 mon	メッセージの日 ▶ 家の日	[ボイド〜00:48]

生活環境や身内に目が向かう。原点回帰。

17 tue	家の日	[ボイド 16:56〜]

「普段の生活」が充実。身内との関係強化。環境改善ができる。

18 wed	家の日 ▶ 愛の日	[ボイド〜01:36]

愛の追い風が吹く。好きなことができる。

19 thu	愛の日	

愛について嬉しいことがある。子育て、趣味、創作にも追い風が。

20 fri	愛の日 ▶ メンテナンスの日	[ボイド 01:31〜05:26]

「やりたいこと」から「やるべきこと」へのシフト。

21 sat	メンテナンスの日	[ボイド 09:50〜]

生活や心身の故障部分を修理できる。ケアしたり、されたり。
◆金星が「コミュニケーション」のハウスへ。学びの喜び、対話の楽しさ。愛情表現の言葉。

22 sun	● メンテナンスの日 ▶ 人に会う日	[ボイド〜13:07]

「自分の世界」から「外界」へ出るような節目。
◆太陽が「家」のハウスへ。1年のサイクルの中で「居場所・家・心」を整備し直すとき。

23 mon	人に会う日	

人に会ったり、会う約束をしたりする日。出会いの気配も。

24 tue	人に会う日	[ボイド 19:46〜]

人に会ったり、会う約束をしたりする日。出会いの気配も。

25 wed	人に会う日 ▶ プレゼントの日	[ボイド〜00:06]

他者との関係に、さらに一歩踏み込めるように。

26 thu	プレゼントの日	

人から貴重なものを受け取れる。提案を受ける場面も。

27 fri	プレゼントの日 ▶ 旅の日	[ボイド 08:47〜12:44]

遠い場所との間に、橋が架かり始める。

28 sat	旅の日	

遠出したり、遠くから人が訪ねてくれたりする日。発信力も増す。

29 sun	旅の日	[ボイド 21:50〜]

遠出したり、遠くから人が訪ねてくれたりする日。発信力も増す。
◆海王星が「他者」のハウスで順行へ。信頼関係が前向きに進展。人を信じる気持ちの強化。

30 mon	○ 旅の日 ▶ 達成の日	[ボイド〜01:17]

意欲が湧く。はっきりした成果が出る時間へ。
☽「目標と結果」のハウスで月食。仕事や対外的な活動の場での努力が、特別な形で実る。

12 DECEMBER

1 tue 達成の日 [ボイド 13:23〜]
目標に手が届く。結果が出る日。人から認められる場面も。

2 wed 達成の日 ▶ 友だちの日 [ボイド〜12:34]
肩の力が抜け、伸びやかな気持ちになれる。
◆水星が「家」のハウスへ。来訪者。身近な人との対話。若々しい風が居場所に吹き込む。

3 thu 友だちの日
未来のプランを立てる。友だちと過ごせる。チームワーク。

4 fri 友だちの日 ▶ ひみつの日 [ボイド 19:30〜21:54]
ざわめきから少し離れたくなる。自分の時間。

5 sat ひみつの日
一人の時間。過去を振り返り、戦略を練る。自分を大事にする。

6 sun ひみつの日 [ボイド 07:29〜]
一人の時間。過去を振り返り、戦略を練る。自分を大事にする。

7 mon ひみつの日 ▶ スタートの日 [ボイド〜04:47]
新しいことを始めやすい時間に切り替わる。

8 tue ◐ スタートの日
主役の意識で動く。新しい選択肢を選べる。気持ちが切り替わる。

9 wed スタートの日 ▶ お金の日 [ボイド 07:36〜09:02]
物質面・経済活動が活性化する時間に入る。

10 thu お金の日
いわゆる「金運がいい」日。実入りが良く、いい買い物もできそう。

11 fri お金の日 ▶ メッセージの日 [ボイド 09:57〜11:00]
「動き」が出てくる。コミュニケーションの活性。

12 sat メッセージの日
待っていた朗報が届く。勉強が捗る。外に出たくなる日。

13 sun メッセージの日 ▶ 家の日 [ボイド 10:59〜11:40]
生活環境や身内に目が向かう。原点回帰。

14 mon 家の日
「普段の生活」が充実。身内との関係強化。環境改善ができる。

15 tue ● 家の日 ▶ 愛の日 [ボイド 01:18〜12:36]
愛の追い風が吹く。好きなことができる。
☾「家」のハウスで日食。家族との関わりや居場所について、特別なことが始まるかも。

16 wed 愛の日
愛について嬉しいことがある。子育て、趣味、創作にも追い風が。
◆金星が「家」のハウスへ。身近な人とのあたたかな交流。愛着。居場所を美しくする。

乙女座 /366日のカレンダー

17 thu	愛の日 ▶ メンテナンスの日 [ボイド 14:36〜15:28] 「やりたいこと」から「やるべきこと」へのシフト。 ◆土星が「任務」のハウスへ。「役割・責任」について「一つ大人になる」プロセスに入る。	
18 fri	メンテナンスの日 生活や心身の故障部分を修理できる。ケアしたり、されたり。	
19 sat	メンテナンスの日 ▶ 人に会う日 [ボイド 17:46〜21:40] 「自分の世界」から「外界」へ出るような節目。 ◆木星が「任務」のハウスへ。役割・生活・任務・健康・就労関係などを新たにする1年へ。	
20 sun	人に会う日 人に会ったり、会う約束をしたりする日。出会いの気配も。	
21 mon	人に会う日 [ボイド 19:26〜] 人に会ったり、会う約束をしたりする日。出会いの気配も。 ◆水星が「愛」のハウスへ。愛に関する学び、教育。若々しい創造性、遊び、知的創造。◆太陽が「愛」のハウスへ。1年のサイクルの中で「愛・喜び・創造性」を再生するとき。	
22 tue	●人に会う日 ▶ プレゼントの日 [ボイド〜07:33] 他者との関係に、さらに一歩踏み込めるように。	
23 wed	プレゼントの日 人から貴重なものを受け取れる。提案を受ける場面も。	
24 thu	プレゼントの日 ▶ 旅の日 [ボイド 07:52〜19:57] 遠い場所との間に、橋が架かり始める。	
25 fri	旅の日 遠出したり、遠くから人が訪ねてくれたりする日。発信力も増す。	
26 sat	旅の日 [ボイド 20:33〜] 遠出したり、遠くから人が訪ねてくれたりする日。発信力も増す。	
27 sun	旅の日 ▶ 達成の日 [ボイド〜08:34] 意欲が湧く。はっきりした成果が出る時間へ。	
28 mon	達成の日 目標に手が届く。結果が出る日。人から認められる場面も。	
29 tue	達成の日 ▶ 友だちの日 [ボイド 12:02〜19:30] 肩の力が抜け、伸びやかな気持ちになれる。	
30 wed	○友だちの日 未来のプランを立てる。友だちと過ごせる。チームワーク。)「夢と友」のハウスで満月。希望してきた条件が整う。友や仲間への働きかけが「実る」。	
31 thu	友だちの日 [ボイド 22:46〜] 未来のプランを立てる。友だちと過ごせる。チームワーク。	

参考 カレンダー解説の文字・線の色

あなたの星座にとって星の動きがどんな意味を持つか、わかりやすくカレンダーに書き込んでみたのが、P.77からの「カレンダー解説」です。色分けは厳密なものではありませんが、だいたい以下のようなイメージで分けられています。

—— 赤色
インパクトの強い出来事、意欲や情熱、
パワーが必要な場面。

—— 水色
ビジネスや勉強、コミュニケーションなど、
知的な活動に関すること。

—— 紺色
重要なこと、長期的に大きな意味のある変化。
精神的な変化、健康や心のケアに関すること。

—— 緑色
居場所、家族に関すること。

—— ピンク色
愛や人間関係に関すること。嬉しいこと。

—— オレンジ色
経済活動、お金に関すること。

乙女座
2020年
カレンダー解説

1 JANUARY

mon	tue	wed	thu	fri	sat	sun
		1	2	3	4	5
6	7	8	9	10	11	12
13	14	15	16	17	18	19
20	21	22	23	24	25	26
27	28	29	30	31		

1/1〜2/8、愛と創造の時間の中で、一年がスタート。特に1/14以降は愛に強い追い風が吹く。クリエイティブな活動をしている人にとっては、そう滅多にないほどの繁忙期となるかも。大きなチャンスが巡ってきて、全力で取り組める。

2 FEBRUARY

mon	tue	wed	thu	fri	sat	sun
					1	2
3	4	5	6	7	8	9
10	11	12	13	14	15	16
17	18	19	20	21	22	23
24	25	26	27	28	29	

2/16〜3/31、1月に続いて、さらに熱い創造の時間へ。愛に関しても積極的に動ける。「大恋愛」のドラマを経験する人も。

2/17〜3/4、「再会」のための行動を起こす人が多そう。今どうしても会っておきたい人が浮かぶとき。

2/24、新しい出会いの気配。

3 MARCH

mon	tue	wed	thu	fri	sat	sun
						1
2	3	4	5	6	7	8
9	10	11	12	13	14	15
16	17	18	19	20	21	22
23	24	25	26	27	28	29
30	31					

3/5〜4/4、遠くから素敵なものが届くかも。大切な人と素敵な旅ができるかも。

3/10、いくつかのプロセスが一気に「トンネルを抜ける」ようなタイミング。作業が完了したり、思案を終えて結論を出したりできそう。

4 APRIL

mon	tue	wed	thu	fri	sat	sun
	1	2	3	4	5	
6	7	8	9	10	11	12
13	14	15	16	17	18	19
20	21	22	23	24	25	26
27	28	29	30			

4/4〜8/8、素晴らしいチャンスが巡ってきやすいとき。仕事や勉強、対外的な活動に関して、高く評価される場面も多そう。自分でも心から納得できる成果を出せる。

4/8、臨時収入があったり、いい買い物ができたりするようなタイミング。

4/11、スッキリした気持ちになれそう。人からのプレッシャーが消えていくかも。

5 MAY

mon	tue	wed	thu	fri	sat	sun
				1	2	3
4	5	6	7	8	9	10
11	12	13	14	15	16	17
18	19	20	21	22	23	24
25	26	27	28	29	30	31

5/12〜29、気分のいい忙しさに包まれる。攻守が嚙み合う、スムーズな活躍ができる。

5/13〜6/28、刺激的な人間関係が展開しそう。一対一で対決する場面、タフな交渉などに臨む人も。人から学ぶことが多く、戦利品も期待できる。

5/23、新しいミッションが始まるとき。やりたいことをはっきり主張すると、要望が通りそう。

6 JUNE

mon	tue	wed	thu	fri	sat	sun
1	2	3	4	5	6	7
8	9	10	11	12	13	14
15	16	17	18	19	20	21
22	23	24	25	26	27	28
29	30					

6/6、居場所や家族に関することで、素敵なミラクルが起こるかも。

6/21、新しい仲間に出会えるかも。夢を通して人との結びつきが生まれる気配も。

6/28〜2021/1/7、経済的な人間関係が前向きに、熱く進展する時間へ。経済活動が一回り大きくなる。

乙女座 / カレンダー解説

7 JULY

mon	tue	wed	thu	fri	sat	sun
		1	②	3	4	⑤
6	7	8	9	10	11	⑫
13	14	15	16	17	18	19
20	21	22	23	24	25	26
27	28	29	30	31		

7/2・5、愛に関して新しいミッションが始まる。クリエイティブな活動に関しても、大きめのテーマを引き受けることになりそう。年末まで続く長丁場の「創造の時間」の幕開け。

7/12、人間関係におけるゴタゴタが、ここですうっと収まるかも。未来に関してポジティブになれる。

8 AUGUST

mon	tue	wed	thu	fri	sat	sun
					1	2
3	4	5	6	7	⑧	9
10	11	12	13	14	15	16
17	18	19	**20**	**21**	**22**	**23**
24	**25**	**26**	**27**	**28**	**29**	**30**
31						

8/8〜9/6、嬉しいことの多いとき。好きな人たちとともに行動できる場面が増えそう。新しい夢に出会い、大きな目標を掲げる人も。

8/20〜9/6、自分らしくのびのびと活躍できるとき。原点に返れる。自分のやり方を新発見できる。

9 SEPTEMBER

mon	tue	wed	thu	fri	sat	sun
	1	2	3	4	5	6
7	8	9	10	11	12	13
14	15	16	17	18	19	20
21	22	23	24	25	26	27
28	29	30				

9/2、誰かとの関係が大きく進展するかも。大切な約束を交わす人も。

9/17、大切な「スタート」のタイミング。自分から新しいことを始められるとき。

10 OCTOBER

mon	tue	wed	thu	fri	sat	sun
			1	2	3	4
5	6	7	8	9	10	11
12	13	14	15	16	17	18
19	20	21	22	23	24	25
26	27	28	29	30	31	

10/3〜28、愛に強い追い風が吹いてくる。2020年の乙女座のテーマである「愛」が、ここで大きなピークを迎えるかも。クリエイティブな活動においても、決定的なアクションを起こせるとき。

10/14、ここからじっくり「復習」したいテーマが出てくるかも。

10/17、経済面で新しい展開が。心から欲しいと思えるものに出会う人も。

10/28〜11/21、経済面で強い追い風が吹き始める。ビジネスのスケールの拡大も。

乙女座 / カレンダー解説

11 NOVEMBER

mon	tue	wed	thu	fri	sat	sun
						1
2	3	④	5	6	7	8
9	10	11	12	13	14	15
16	17	18	19	20	21	22
23	24	25	26	27	28	29
㉚						

11/4、個人的に抱いていた迷いが吹っ切れるかも。また、ビジネスの上での混乱があったなら、この日を境に収束に向かいそう。

11/30、仕事や勉強、対外的な活動に関して、ミラクルな成果を挙げられるとき。不思議な縁を伝って、望みのポジションに立つ人も。

12 DECEMBER

mon	tue	wed	thu	fri	sat	sun
	1	2	3	4	5	6
7	8	9	10	11	12	13
14	15	16	17	18	19	20
㉑	22	23	24	25	26	27
28	29	30	31			

12/15〜22、周囲の人々に対して自分が担う役割が、大きく変化するとき。人生のターニングポイントに立つ人も。人から必要とされている、と実感できるような出来事が起こる。引き受けている任務の内容が変わる。

12/21、2020年の総まとめのような、素敵な愛のイベントが始まりそう。

12星座
プロフィール

乙女座のプロフィール
分析の星座

I analyze.

【キャラクター】
●分析の星座

　乙女座の人々は、優れた感受性に恵まれています。この「感受性」は、主に二つの意味を含んでいます。一つは、聴覚や味覚など、身体に備わっている「五感」です。そしてもう一つは、物事の変化や世界の多様さに対する、精神的、知的感受性です。乙女座の人々はその身体性を通して世界からあらゆるシグナルをキャッチし、キャッチしたものたちに名前や概念を与えて、それを整理することができるのです。

●真面目さと、ユーモアと

　非常に几帳面で、真面目で、責任感が強く、規範意識が高い人の多い星座です。いわゆる「優等生」的なキャラクターも多く見られます。コンサバティブで、折り目正しく、細部にこだわり、清潔感があって、神経質さも見られます。

　ですがその一方で、人が驚くほどユニークな面を見せることがあります。ブラックユーモアを好んだり、非常にキッチュなものを集めたりします。誰も見向きもしないようなおかし

なものを「かわいい」と喜んだりする人も少なくありません。乙女座の人々のユーモアセンスはかなり特異なものですが、人を不思議なくらい惹きつけます。

● 化学反応と変容

　乙女座の人々は、人でも植物でも物事でも、「成長させる」「教育する」「育てる」ことが得意です。物事に内在する可能性やポテンシャルをうまく引き出す力を持っているのです。自分自身ももちろん、素晴らしい成長を遂げますが、周囲の人々を導いて育てることが得意なのです。植物を育てるには、ただ水や肥料を与えまくればいいというものではありません。植物の種類によって育て方は異なりますし、手出しをせずにただ見守る時間も必要です。人を育てる上でも、このことは大いに当てはまります。乙女座の人々の感受性は、相手が何を必要として、どう変わりつつあるのかを、正確にキャッチします。そして、その働き者の手と心で、必要な養分を適切に与えるのです。

● クリエイティブな手

　乙女座には、手芸やアートを得意とする人が多いようです。素材や画材等の中に潜む本質を探り当て、それにふさわしい変容を実現するのが、乙女座の人の創造性です。純粋な自己

表現を求めるよりは、人を喜ばせたり、人のニーズに応えたりすることに喜びを感じる傾向があります。「ひとりよがり」は、乙女座の人の最も嫌うことなのです。「今そこにあるものを、誰かのために、変化させる」のが、乙女座の人の手に備わっている魔法です。

●優れた実務者

　乙女座の人々は、現実を鋭く捉え、あくまで現実的に対応する力を持っています。人の役に立つことが好きで、頭も身体も休ませない働き者です。他の人が難しさのあまり放棄したタスクも、すらりと整理して楽々とこなしてしまいます。心のこもった仕事は、誰からも大いに信頼されます。

　乙女座の人々はリアリストです。ですがその一方で、骨の髄からのロマンティストでもあります。この二面性は人生の随所で、乙女座の人を助けもし、迷わせることもあります。

●他者との繋がり

　乙女座の人は、人の心や意思も、とても細やかに感じ取ります。ゆえに、人からの影響を受けやすいところがあります。また、人生の分岐点で迷ったとき、自分で決められずに、身近な人に決めてもらおうとする場合もあるようです。人生の途中で、他人に自分の人生を「任せて」しまおうとする人も

います。生来の責任感と実務感覚からすると、このような依存的な態度が生まれるのは不思議なことですが、おそらく、感受性の鋭さと想像力の大きさが結びつくと、余計な情報に基づく不安ばかりが増大してしまい、「抱えきれなくなってしまう」のかもしれません。

【支配星・神話】
●水星と、デメテル

　乙女座を支配する星は水星で、守護神はケレス、ギリシャ神話で言うところのデメテルです。水星は知性と感受性の星であり、ケレスは大地の女神、豊穣と穀物の神で、まさに乙女座が知性と生産性の星座であることをダイレクトに表しています。

●デメテルとペルセフォネ

　乙女座の「乙女」が誰なのかは諸説ありますが、上記のデメテルの娘、ペルセフォネはその有力候補です。ある日花を摘みに出かけたペルセフォネは、冥界の神プルートーに見初められ、妃にすべく連れ去られました。驚いた母デメテルは娘を捜し回り、田畑を実らせる仕事を全て放棄したため、世界は不毛の地となってしまいました。そこで大神ゼウスが仲裁に入り、ペルセフォネは1年のうち4ヵ月は冥界の女王と

して過ごし、残りは地上で、母とともに暮らすことになりました。冥界と地上を行き来する「乙女」のイメージは、乙女座の人の生真面目さとユニークさの共存を、よく映し出しているようにも思われます。

【乙女座のキーワード】

感受性の鋭さ／「気が利く」人／世話好き／働き者／デザイン／コンサバティブ／胃腸／神経質／分析／調合／変化／回復の早さ／迷いやすさ／研究家／清潔／ブルーブラック／空色／桃色／組み合わせ

Column

「落ち込んだときや調子が出ないときは、どうすればいいですか？」というご質問をしばしば頂きます。「こうすれば必ず回復できる！」というわけではないのですが、「自分の星座の『一族』に触れる」ことを試みると、自分の持ち味を思い出し、元気が出てくるかもしれません。乙女座の人は何かしら「打ち込める細かい作業」があると落ち着くようです。編み物や靴磨きなど、手を動かして「仕事」をすることで、心のリズムが甦るのです。書類の分類や手持ちのものの整理をすると、心の中もきちんと整理されていきます。異性装や「コスプレ」等の「変身」で気分が晴れる人も。

12星座プロフィール

牡羊座 —— はじまりの星座

I am.

素敵なところ
裏表がなく純粋で、自他を比較しません。明るく前向きで、正義感が強く、諍いのあともさっぱりしています。欲しいものを欲しいと言える勇気、自己主張する勇気、誤りを認める勇気の持ち主です。

キーワード
勢い／勝負／果断／負けず嫌い／せっかち／能動的／スポーツ／ヒーロー・ヒロイン／華やかさ／アウトドア／草原／野生／丘陵／動物愛／議論好き／肯定的／帽子・頭部を飾るもの／スピード／赤

贈り物をするなら…
サプライズにこだわる傾向は少ないようなので、相手が「欲しい」と言うものを贈るのが一番です。頭部を飾るもの、アウトドア関連のもの、皮製品、流行のもの、華やかで心躍るようなもの、金属製品。

牡牛座 —— 五感の星座

I have.

素敵なところ
感情が安定していて、態度に一貫性があります。知識や経験をたゆまずゆっくり、たくさん身につけます。穏やかでも不思議な存在感があり、周囲の人を安心させます。美意識が際立っています。

キーワード
感覚／色彩／快さ／リズム／マイペース／芸術／暢気／贅沢／コレクション／一貫性／素直さと頑固さ／価値あるもの／美声・歌／料理／庭造り／変化を嫌う／積み重ね／エレガント／レモン色／白

贈り物をするなら…
美しいもの、上質なもの、伝統のあるもの。たとえばブランド品でも新製品より定番のものが喜ばれる傾向が。美味しいもの、価値のはっきりしたもの。アンティークよりは新品を好むことも。

双子座 —— 知と言葉の星座

I think.

素敵なところ

イマジネーション能力が高く、言葉と物語を愛するユニークな人々です。フットワークが良く、センサーが敏感で、いくつになっても若々しく見えます。場の空気・状況を変える力を持っています。

キーワード

言葉／コミュニケーション／取引・ビジネス／相対性／比較／関連づけ／物語／比喩／移動／旅／ジャーナリズム／靴／天使・翼／小鳥／桜色／桃色／空色／文庫本／文房具／手紙

贈り物をするなら…

物語のあるもの、メッセージ性の強いもの。人に語れるもの。流行のもの、話題性のあるもの。二つ以上の用途があるもの、リバーシブルのもの、セットになっているもの。複数、バリエーション。

蟹座 —— 感情の星座

I feel.

素敵なところ

心優しく、共感力が強く、人の世話をするときに手間を惜しみません。行動力に富み、人にあまり相談せずに大胆なアクションを起こすことがありますが、「聞けばちゃんと応えてくれる」人々です。

キーワード

感情／変化／月／守護・保護／日常生活／行動力／共感／安心繰り返すこと／拒否／生活力／フルーツ／アーモンド／巣穴胸部、乳房／乳白色／銀色／真珠

贈り物をするなら…

日常生活に関係するもの、かわいいもの、美しいもの。突飛な珍しいものよりは、慣れ親しまれているもののほうが好まれます。懐かしいもの、心和むもの。それ自体で完結しているもの、袋もの。

12星座プロフィール

 獅子座 ── 意思の星座

I will.

素敵なところ
太陽のように肯定的で、安定感があります。深い自信を持っており、側にいる人を安心させることができます。人を頷かせる力、一目置かせる力、パワー感を持っています。内面には非常に繊細な部分も。

キーワード
強さ／クールさ／肯定的／安定感／ゴールド／背中／自己表現／演技／芸術／暖炉／広場／人の集まる賑やかな場所／劇場・舞台／お城／愛／子ども／緋色／パープル／緑

贈り物をするなら…
キラキラ光るもの、華やかなもの。強さを感じさせるもの。一点豪華主義。日頃「欲しい」と言っているもの。リクエスト。複雑さのない、ストレートなサプライズギフトは喜んでくれる傾向が。

 乙女座 ── 分析の星座

I analyze.

素敵なところ
一見クールに見えるのですが、とても優しく世話好きな人々です。他者に対する観察眼が鋭く、シャープな批評を口にしますが、その相手の変化や成長を心から喜べる、「教育者」の顔を持っています。

キーワード
感受性の鋭さ／「気が利く」人／世話好き／働き者／デザイン／コンサバティブ／胃腸／神経質／分析／調合／変化／回復の早さ／迷いやすさ／研究家／清潔／ブルーブラック／空色／桃色

贈り物をするなら…
実用的なもの。組み合わせを楽しめるもの。上等なもの。歴史のあるブランド品。すでに持っているものとコーディネートできるもの。趣味のもの、ただしすでに持っている可能性があるのでリサーチ必須。

天秤座 —— 関わりの星座

I balance.

素敵なところ
高い知性に恵まれると同時に、人に対する深い愛を抱いています。視野が広く、客観性を重視し、細やかな気遣いができます。内側には熱い情熱を秘めていて、個性的なこだわりや競争心が強い面も。

キーワード
人間関係／客観視／合理性／比較対象／美／吟味／審美眼／評価／選択／平和／交渉／結婚／諍い／調停／パートナーシップ／契約／洗練／豪奢／黒／芥子色／深紅色／水色／薄い緑色／ベージュ

贈り物をするなら…
美しいもの、ラグジュアリーなもの、高級なもの。「ギフトとしてきちんと調えられている」もの。礼儀正しさ、マナーを感じさせるもの。よく考えられたもの。賞賛の気持ちが込められたもの。

蠍座 —— 情熱の星座

I desire.

素敵なところ
意志が強く、感情に一貫性があり、愛情深い人々です。一度愛したものはずっと長く愛し続けることができます。信頼に足る、芯の強さを持つ人です。粘り強く努力し、不可能を可能に変えます。

キーワード
融け合う心／継承／遺伝／魅力／支配／提供／共有／非常に古い記憶／放出／流動／隠されたもの／湖沼／果樹園／庭／葡萄酒／琥珀／茶色／濃い赤／カギつきの箱／ギフト

贈り物をするなら…
個性の強いもの、限定品、特別な逸品。深いコンセプトのもとに作られたもの。オーガニックのもの、エシカルなものなど、バックグラウンドに主義主張が感じられるもの。香り、スパイス。

射手座 —— 冒険の星座

I understand.

素敵なところ

冒険心に富む、オープンマインドの人々です。自他に対してごく肯定的で、恐れを知らぬ勇気と明るさで周囲を照らし出します。自分の信じるものに向かってまっすぐに生きる強さを持っています。

キーワード

冒険／挑戦／賭け／負けず嫌い／馬や牛など大きな動物／遠い外国／語学／宗教／理想／哲学／おおらかさ／自由／普遍性／スピードの出る乗り物／船／黄色／緑色／ターコイズブルー／グレー

贈り物をするなら…

知的なもの、謎を含むもの、旅に関するもの、新しいお店のもの。流行のもの。複数のもののセット。熱を感じさせるもの。愉快なもの、ユーモラスなもの。本。珍しい、見たこともないようなもの。

山羊座 —— 実現の星座

I use.

素敵なところ

夢を現実に変えることのできる人々です。自分個人の世界だけに収まる小さな夢ではなく、世の中を変えるような、大きな夢を叶えることができる力を持っています。優しく力強く、芸術的な人です。

キーワード

城を築く／行動力／実現／責任感／守備／権力／支配者／組織／芸術／伝統／骨董品／彫刻／寺院／華やかな色彩／ゴージャス／大きな楽器／黒／焦げ茶色／薄い茜色／深緑

贈り物をするなら…

伝統に裏打ちされたもの、本物。ぱっと価値のわかるもの。その人の使い慣れているものや気に入っているものと似たもの。信頼性の高いもの、普段から欲しがっているもの。美しい、丈夫なもの。

水瓶座 ── 思考と自由の星座

I know.

素敵なところ
自分の頭でゼロから考えようとする、澄んだ思考の持ち主です。友情に篤く、損得抜きで人と関わろうとする、静かな情熱を秘めています。ユニークなアイデアを実行に移すときは無二の輝きを放ちます。

キーワード
自由／友情／公平・平等／時代の流れ／流行／メカニズム／合理性／ユニセックス／神秘的／宇宙／飛行機／通信技術／電気／メタリック／スカイブルー／チェック、ストライプ

贈り物をするなら…
時代の先端を行くようなもの、新商品。家電、情報機器。サプライズはあまり好まず、「自分が欲しいものを贈って欲しい」傾向が。一緒に買い物に行くほうが喜ばれる場合も。新しいフレーバー。

魚座 ── 透明な心の星座

I believe.

素敵なところ
人と人とを分ける境界線を、自由自在に越えていく不思議な力の持ち主です。人の心にするりと入り込み、相手を支え慰めることができます。場や世界を包み込むような大きな心を持っています。

キーワード
変容／変身／愛／海／救済／犠牲／崇高／聖なるもの／無制限／変幻自在／天衣無縫／幻想／瞑想／蠱惑／エキゾチック／ミステリアス／シースルー／黎明／白／ターコイズブルー／マリンブルー

贈り物をするなら…
水に関係したもの、バスグッズや海で使うものなど。形のないもの、音楽作品や映像作品。イベントのチケット。神秘的なもの。美しいもの。輸入品、海外に関するもの。世代を超えるようなもの。

乙女座と
12星座の関わり
＊「相性」について＊

● 「相性」とは何か。

「相性」は、ごく一般的な言葉です。

ですが、私はこんな占いの仕事をしていながら、お恥ずかしいことに、「相性」というものが何なのか、よくわからないのです。「相性」とは、一体、何なのでしょうか。

よく似た性格の人同士が「あの人とは相性が合わない」といがみ合っている様を時々見かけます。全然タイプの違う二人がいつも一緒にいたり、まったく理解のできない相手に強烈に惹きつけられたりすることもあります。

ちなみに「相性」に限らず、占いの場で使われる言葉のほとんどは、「誰にも習ったことがないけれど、誰もが知っている言葉」です。「運勢」も「縁」も「吉凶」も、誰もが誰にも教わらずに、自然に「理解」している言葉です。

それでも、人と人との関係性や、目に見えない「タイミング」のようなもの、力の流れる方向など、星占いのしくみの中で言えそうなこともあります。

ここでは「星から見た、星座と星座の関わり」を、基本的な特徴と、2020年の特徴とに分けて、考えてみたいと思います。

◆ あなたと牡羊座の人

牡羊座の人といると諸事、ごく自然に決まっていくので、あなたには「ついていく・あわせていく」感覚があるかもしれません。牡羊座の人の行動パターンは、あなたにはかなりわかりやすいので、コツを摑めばとてもうまくゆくようです。牡羊座の人はあなたの優しさにちゃんと気づいて、深く感謝してくれます。お互いに大きく違っているからこそ、相手を自然にリスペクトできるので、摩擦も起こりにくいはずです。2020年は特に牡羊座の人の牽引力が強く感じられるようです。「縁の下の力持ち」のようなサポートを提供できそうです。

◆ あなたと牡牛座の人

理解し合いやすい間柄です。価値観の根本にあるものが同じなので、相手の意図することがすぐにわかりますし、互いに支え合いやすいでしょう。あなたが考えすぎてしまったときや、不安や迷いに囚われたとき、牡牛座の人々はメトロノームのように、あるいは「支柱」や土台のように、あなたを原点に戻してくれます。相手はあなたの柔軟な対応力を深く信頼しているはずです。2020年は「共闘する」ような場面が多いかもしれません。一つの目標に向かって肩を並べて進むような年となりそうです。早春は情愛が伝わりやすい気配も。

◆ あなたと双子座の人

お互いに欠けているところを補い合いつつ、いつも完璧な二人でいられます。感受性の強さや頭の回転の速さ、ユーモアのセンスや辛辣な批判精神など、似たところはたくさんあります。一方、現実を直視するあなたと、ロマンや理念を追い求める相手、といったふうに、違いも多いでしょう。二人で計画を立てたり戦略を練ったりするときは、ほとんど無敵の策を立てることができます。2020年は普段より「気持ちを伝え合う」ことを意識できるかもしれません。情報や論理ではなく「感情」を共有することで信頼関係が大きく育ちます。

◆ あなたと蟹座の人

弟や妹のような存在に思えるかもしれません。何かと世話を焼きたくなる、自然に心を寄せたくなる存在です。あなたの繊細さや感受性の強さを、蟹座の人はちゃんと見抜いていて、デリケートに接してくれます。お互いに現実感覚が強いので、話が合いますし、特に噂話や雑談は盛り上がるでしょう。お互いの気遣いが噛み合いやすいので、テンポ良くキャッチボールできるのです。2020年はあなたのほうから相手の懐に飛び込んでゆくような場面が多いかもしれません。いつもとは逆に、相手があなたを包み込んでくれる年です。

◆ あなたと獅子座の人

あなたからすると獅子座の人は、少々楽観的すぎるように見えるかもしれません。獅子座の人は危機感や弱さを表に出さないため、そう感じられるのです。非常に個性が違っている間柄ですが、お互いの差を理解し合えれば、素晴らしいサポート関係を創り出せます。特に、お互い「人の世話を焼くのが(結構)好き」なので、互いに互いの世話をし、相手の世話好きなところを受け入れられれば、長続きする関係を作れます。2020年はお土産やギフトのやりとりなど、物質的な交流にポイントがあるようです。ニーズを把握して。

◆ あなたと乙女座の人

同じ星座同士、双子のようにわかり合えるでしょう。不思議なくらい「馴染む」関係で、切っても切れない間柄になることが多いようです。一般に「似たもの同士」では、近親憎悪的な思いに囚われたり、役割分担がうまくいかなかったりすることがありますが、乙女座同士の関係に限っては、なぜか役割分担がスムーズで、お互いにお互いの欠点を許せるようです。二人で世界が「完結」してしまうことも。2020年は会話の量が膨大なものになるかもしれません。いつもよりもさらに踏み込んで、互いの思いをぶつけ合えるでしょう。

◆ あなたと天秤座の人

他者を前にしたときに非常に敏感で、細かいことまでよく気がつき、困っている人や独りぼっちの人に自然に手をさしのべるところがよく似ています。高い知性に恵まれ、成功には必ず舞台裏の努力があることを知っている点も、同じです。ただ、似たところが多いからこそ、お互いの小さな違い、たとえば相手の完璧主義や、弱みを隠そうとする態度が気になる、ということもあるかもしれません。相手の辛さをそっとサポートしてあげられる場面も多いようです。2020年はなにかと「わかちあえる」ものがある年です。果実を分け合えます。

◆ あなたと蠍座の人

「守ってあげたい」と思えるような存在です。相手のほうもまた、あなたを「守りサポートすべき相手」として見ているようです。ゆえに、お互いに支え合える、とても素敵な間柄となります。あなたの感受性の鋭さや責任感の強さに共感しつつも、ひとたび迷いを抱えたときの不安感の強さ、悩みの深さを目にすると、蠍座の人は「もっとゆったり構えていて大丈夫なのに」と感じ、そのように導き、支えてくれます。とはいえ、2020年は相手が非常に忙しいので、あなたの側が「息抜きも大事だよ」と促すことになるかもしれません。

◆ あなたと射手座の人

柔軟でありながらこだわりも強い、という不思議な特性を共有する二人は、お互いを理解すればするほど、素晴らしいパートナーシップを結べます。射手座の人はかなり大雑把なので、あなたは持ち前の感受性の鋭さでそこにテコ入れできます。一方、なかなか物事を決められなかったり、牽引力を必要としたりするあなたにとって、射手座の人々の炎のような情熱は、とても頼りになる「指針」です。2020年は射手座の人が、あなたを心から必要とする場面が目立つようです。相手の迷いや自信のなさを、あなたがガツンと支えられます。

◆ あなたと山羊座の人

とても親和性の高い相手です。同じ「地の星座」同士で価値観が近く、物事を現実的に捉えるセンスも似ています。あなたから見ると山羊座の人々は非常にスケールの大きい、大胆な生き方をしているように見えるかもしれません。山羊座の人々は努力を貴びますが、あなたはまさに努力家で、働き者です。その誠実で真面目な姿勢は、山羊座の人の大いに信頼するところです。お互いの持ち味を誰よりもわかり合い、賞賛し合える、素敵な間柄です。2020年は山羊座の人の魅力があなたの心を強く揺さぶるでしょう。強い影響を受けるときです。

◆ あなたと水瓶座の人

あなたにとって水瓶座の人は、非常に魅力的な存在です。一致するところがまったくない組み合わせなのですが、「理知的である・知を重んじる」という点は共通しています。また、何かを好きになるとどこまでも掘り下げて詳しくなる、いわゆる「オタク気質」を共有できる場合が多く、趣味嗜好が一致すれば際限なく好きなものの話を続けていられます。「普通」の枠組みに囚われず、お互いにだけ通じるルールやスタイルをどんどん作ってゆける自由な二人です。2020年は「ともに学ぶ」場面が多そうです。一緒に出かける機会も増えるでしょう。

◆ あなたと魚座の人

なぜか「相手のことなら何でもわかる」感じがするかもしれません。相手の自由な発想や一見蛮勇とも見える行動パターンの奥には、実はあなたと共通の「核」があり、そこに強く惹きつけられるのです。魚座の人はどんなに自由に翼を広げているように見えても、案外基礎に忠実で、「コツコツ頑張る」人です。つきあってみると信頼できる点が次々に見えてきて、いつの間にか引き込まれるのです。2020年はいつもより相手が少し不器用に見えるかもしれません。相手の強さよりも弱さに惹きつけられるような、深い愛が生まれます。

12星座
プチ占い

牡羊座 3/21 ～ 4/20 生まれ

大活躍の1年です。昇進や転職、独立や結婚や出産などを通して、社会的立場が激変するかもしれません。過去10年ほどの中で積み重ねてきた努力が、ここで大きく報われます。さらに「本来の自分として一皮むける」タイミングでもあります。新しいキャラクターに「変身」したり、新たなアイデンティティを摑んだりできるのですが、そこでは「より自分らしい自分になる」「本来の自分の顔を取り戻す」ような実感があるだろうと思います。

牡牛座 4/21 ～ 5/21 生まれ

2020年は「旅と学びの年」です。2020年の終わりから2021年、牡牛座の人々の社会的立場は大躍進する予定なのですが、その直前の2020年は「大躍進の準備」のため、多くを学び、行くべき場所に行っておく必要があるのです。特に、これまで自分とは縁遠いと思っていた場所に出むくことになるでしょう。単独行動・一人旅の機会も増えそうです。自分自身との対話を重ねて、断片的ではない、大きなアイデアを練る時期です。年末、大チャンスが。

双子座　5/22 ~ 6/22生まれ

経済関係が大きく変わるときです。自分一人で稼ぐだけのことならば「1 + 1 = 2」の世界に留まりますが、人と協力し、あるいは多くの人の力を借りて活動を膨らませるとき、「1 + 1」が5にも10にも「化ける」ことがあります。2020年はリスクを取って大きな成果を狙っていくような、挑戦的な年となるはずなのです。また、春から夏にかけて、豊かな愛に恵まれる年でもあります。自分という存在から強い光がキラキラと放たれます。

蟹座　6/23 ~ 7/23生まれ

2017年の年末頃からの「人間関係の冬」が2020年で終わり、「大団円」を迎えます。人との距離が縮まり、絆が深まって、他者と一緒に過ごす時間がより豊かで、安心できるものとなるでしょう。重要な契約を結んだり、結婚したりする人も少なくないはずです。さらに2020年後半はキャリアにおいて熱い勝負に出ることになります。「できる範囲」の境界線を越えたチャレンジで、一皮むける時期です。年末、経済面で大きな一歩を踏み出す人も。

獅子座　7/24 ～ 8/23 生まれ

「いい汗をかける年」です。努力して結果を出すことは、「棚からぼた餅」よりもはるかに喜ばしいことですが、2020年は「これは確かに自分の力でやり遂げたのだ」と自信を持って言えることがたくさんあるはずなのです。生活改善や肉体改造は、概ね成功するでしょう。2017年頃からコツコツ頑張っていることがあれば、その具体的な成果が出始め、軌道に乗るタイミングでもあります。夏以降、旅に出る人も。年末に特別な出会いの気配が。

乙女座　8/24 ～ 9/23 生まれ

クリエイティブな年です。もともと創造的な才能に恵まれている乙女座の人々ですが、2020年はその才能を大いに発揮できるでしょう。2017年の終わり頃から時間をかけて作り込んできたものがあれば、2020年いっぱいで見事、完成するはずです。愛にも強い追い風が吹き続ける年で、パートナーを得る人、子どもを授かる人も多いでしょう。人から様々なサポートを受けられる年です。熱い提案や支援の申し出を、遠慮せず、まずは受け止めたいところです。

天秤座　9/24 〜 10/23 生まれ

2017年の終わり頃から少しずつ進めてきた「王国の建設」が2020年いっぱいで完了します。「自分の城・自分の世界」と言えるような場所が、この時期完成するはずです。文字通り新しい家や居場所を手に入れる人もいれば、「家族を得る」人もいるでしょう。あなたの生活圏に多くの人が訪れ、参加してくれます。人間関係全体が大きく盛り上がる時期でもあります。お互いの違いが大きいほど、積極的な関わりを作れるでしょう。年末、大きな愛の扉が開きます。

蠍座　10/24 〜 11/22 生まれ

2017年頃からずっと、時間をかけて勉強に取り組んできた人が多いでしょう。あるいは2008年頃から、学ぶことに関する価値観の変化を感じてきた人もいるはずです。時間をかけた「コミュニケーションと学び」のプロセスが、2020年とうとう、一つの到達点に達し、大きく花開きます。さらに2020年は「生活スタイルを創造する」年でもあります。就労条件などを大きく変えられるときです。年末、新しい家族や居場所を得る人も。

射手座　11/23 〜 12/21 生まれ

2020年、射手座の人々はとても多くのものを手に入れます。経済的に強烈な追い風が吹き、あなたの世界は少なからず豊かになるはずです。そこから「手に入れたものをどう使い、どう活かすか」のヴィジョンを、長期的に描いてゆくことになるでしょう。さらに、「愛と情熱の年」でもあります。やりたいことにガンガン打ち込めますし、大恋愛する人もいるでしょう。とてもクリエイティブな時期で、自らの内に眠る才能を呼び覚ませるときです。

 山羊座　12/22 〜 1/20 生まれ

何が起こってもおかしくないような、大きな大きな「人生のターニングポイント」です。たとえば「2020年の主役」となる星座を挙げるなら、それは山羊座なのです。30年、20年、12年、2年半といった星の節目のすべてがぎゅっとあなたのもとに集まっていて、ごくロングスパンでの時間の「刷新」が起こります。転職、独立、引っ越し、結婚や出産など、公私ともにそうしょっちゅう起こらないような大イベントを経験する人が多いでしょう。特に住環境に変化が起こる気配も。

水瓶座 1/21 ~ 2/19 生まれ

2020年12月、あなたの星座で特別な星のドラマが起こります。この星のドラマは、あなたの人生の大きな章の幕開けを示しています。そこに向かって走る2020年、過去にまつわることを整理したり、向き合ったり、再解釈したりする作業が展開していくでしょう。心の押し入れに突っ込んだまま「いつか片付けよう」と思っていた問題をすべて引っ張り出し、一つ一つ、あるべき場所に収めていけるはずです。素晴らしい愛の年でもあります。

 魚座 2/20 ~ 3/20 生まれ

遠い未来が視野に入ります。追いかけるべき夢に出会う人もいれば、夢が現実に変わる、その転換点に立つ人もいるでしょう。この時期の「夢」は、あなた一人のものでなく、大切な人や仲間たちと大きく共有できるようなものであるはずです。あなたがリーダーとなって、仲間たちのために道を切りひらくことになるのかもしれません。「居場所」が美しくあたたかくなる年でもあります。愛に溢れる心の置き場所を、自らの手で構築できる年です。

用語解説

● 星の逆行

　星占いで用いる星々のうち、太陽と月以外の惑星と冥王星は、しばしば「逆行」します。これは、星が実際に軌道を逆走するのではなく、あくまで「地球からそう見える」ということです。

　たとえば同じ方向に向かう特急電車が普通電車を追い抜くとき、相手が後退しているように見えます。「星の逆行」は、この現象に似ています。地球も他の惑星と同様、太陽のまわりをぐるぐる回っています。ゆえに一方がもう一方を追い抜くとき、あるいは太陽の向こう側に回ったときに、相手が「逆走している」ように見えるのです。

　星占いの世界では、星が逆行するとき、その星の担うテーマにおいて停滞や混乱、イレギュラーなことが起こる、と解釈されることが一般的です。ただし、この「イレギュラー」は「不運・望ましくない展開」なのかというと、そうではありません。

　私たちは自分なりの推測や想像に基づいて未来の計画を立て、無意識に期待し、「次に起こること」を待ち受けます。その「待ち受けている」場所に思い通りのボールが飛んでこなかったとき、苛立ちや焦り、不安などを感じます。でも、そのこと自体が「悪いこと」かというと、決してそうではないはずです。なぜなら、人間の推測や想像には、限界があるか

らです。推測通りにならないことと、「不運」は全く別のことです。

　星の逆行時は、私たちの推測や計画と、実際に巡ってくる未来とが「嚙み合いにくい」ときと言えます。ゆえに、現実に起こる出来事全体が、言わば「ガイド役・導き手」となります。目の前に起こる出来事に導いてもらうような形で先に進み、いつしか、自分の想像力では辿り着けなかった場所に「つれていってもらえる」わけです。

　水星の逆行は年に三度ほど、一回につき3週間程度で起こります。金星は約1年半ごと、火星は2年に一度ほど、他の星は毎年太陽の反対側に回る数ヵ月、それぞれ逆行します。

　たとえば水星逆行時は、以下のようなことが言われます。

・失せ物が出てくる／この時期なくしたものはあとで出てくる
・旧友と再会できる
・交通、コミュニケーションが混乱する
・予定の変更、物事の停滞、遅延、やり直しが発生する

　これらは「わるいこと」ではなく、無意識に通り過ぎてしまった場所に忘れ物を取りに行くような、あるいは、トンネルを通って山の向こうへ出るような動きです。掛け違えたボタンを外してはめ直すようなことができる時間なのです。

● ボイドタイム─月のボイド・オブ・コース

　ボイドタイムとは、正式には「月のボイド・オブ・コース」となります。実は、月以外の星にもボイドはあるのですが、月のボイドタイムは３日に一度という頻度で巡ってくるので、最も親しみやすい（？）時間と言えます。ボイドタイムの定義は「その星が今いる星座を出るまで、他の星とアスペクト(特別な角度）を結ばない時間帯」です。詳しくは占星術の教科書などをあたってみて下さい。

　月のボイドタイムには、一般に、以下のようなことが言われています。

- 予定していたことが起こらない／想定外のことが起こる
- ボイドタイムに着手したことは無効になる
- 期待通りの結果にならない
- ここでの心配事はあまり意味がない
- 取り越し苦労をしやすい
- 衝動買いをしやすい
- この時間に占いをしても、無効になる。意味がない

　ボイドをとても嫌う人も少なくないのですが、これらをよく見ると、「悪いことが起こる」時間ではなく、「あまり色々気にしなくてもいい時間」と思えないでしょうか。

とはいえ、たとえば大事な手術や面接、会議などがこの時間帯に重なっていると「予定を変更したほうがいいかな？」という気持ちになる人もいると思います。
　この件では、占い手によっても様々に意見が分かれます。その人の人生観や世界観によって、解釈が変わり得る要素だと思います。

　以下は私の意見なのですが、大事な予定があって、そこにボイドや逆行が重なっていても、私自身はまったく気にしません。
　では、ボイドタイムは何の役に立つのでしょうか。一番役に立つのは「ボイドの終わる時間」です。ボイド終了時間は、星が星座から星座へ、ハウスからハウスへ移動する瞬間です。つまり、ここから新しい時間が始まるのです。
　たとえば、何かうまくいかないことがあったなら、「366日のカレンダー」を見て、ボイドタイムを確認します。もしボイドだったら、ボイド終了後に、物事が好転するかもしれません。待っているものが来るかもしれません。辛い待ち時間や気持ちの落ち込んだ時間は、決して「永遠」ではないのです。

● 月齢について

　本書では月の位置している星座から、自分にとっての「ハウス」を読み取り、毎日の「月のテーマ」をご紹介しています。ですが月にはもう一つの「時計」としての機能があります。それは、「満ち欠け」です。

　月は一ヵ月弱のサイクルで満ち欠けを繰り返します。夕方に月がふと目に入るのは、新月から満月へと月が膨らんでいく時間です。満月から新月へと月が欠けていく時間は、月が夜遅くから明け方でないと姿を現さなくなります。

　夕方に月が見える・膨らんでいく時間は「明るい月の時間」で、物事も発展的に成長・拡大していく、と考えられています。一方、月がなかなか出てこない・欠けていく時間は「暗い月の時間」で、物事が縮小・凝縮していく時間となります。

　これらのことはもちろん、科学的な裏付けがあるわけではなく、あくまで「古くからの言い伝え」に近いものです。

　新月と満月のサイクルは「時間の死と再生のサイクル」です。このサイクルは、植物が繁茂しては枯れ、種によって子孫を残す、というイメージに重なります。「死」は本当の「死」ではなく、種や球根が一見眠っているように見える、その状態を意味します。

　そんな月の時間のイメージを、図にしてみました。

用語解説

【新月】
種蒔き

芽が出る、新しいことを始める、目標を決める、新品を下ろす、髪を切る、悪癖をやめる、コスメなど、古いものを新しいものに替える

【上弦】
成長

勢いよく成長していく、物事を付け加える、増やす、広げる、決定していく、少し一本調子になりがち

【満月】
開花、
結実

達成、到達、充実、種の拡散、実を収穫する、人間関係の拡大、ロングスパンでの計画、このタイミングにゴールや〆切りを設定しておく

【下弦】
貯蔵、
配分

加工、貯蔵、未来を見越した作業、不要品の処分、故障したものの修理、古物の再利用を考える、蒔くべき種の選別、ダイエット開始、新月の直前、材木を切り出す

【新月】
次の
種蒔き

新しい始まり、仕切り直し、軌道修正、過去とは違った選択、変更

● 月のフェーズ

以下、月のフェーズを六つに分けて説明してみます。

● 新月　New moon

「スタート」です。時間がリセットされ、新しい時間が始まる！というイメージのタイミングです。この日を境に悩みや迷いから抜け出せる人も多いようです。とはいえ新月の当日は、気持ちが少し不安定になる、という人もいるようです。細い針のような月が姿を現す頃には、フレッシュで爽やかな気持ちになれるはずです。日食は「特別な新月」で、1年に二度ほど起こります。ロングスパンでの「始まり」のときです。

● 三日月～● 上弦の月　Waxing crescent - First quarter moon

ほっそりした月が半月に向かうに従って、春の草花が生き生きと繁茂するように、物事が勢いよく成長・拡大していきます。大きく育てたいものをどんどん仕込んでいけるときです。

● 十三夜月～小望月(こもちづき)　Waxing gibbous moon

少量の水より、大量の水を運ぶときのほうが慎重さを必要とします。それにも似て、この時期は物事が「完成形」に近づき、細かい目配りや粘り強さ、慎重さが必要になるようです。一歩一歩確かめながら、満月というゴールに向かいます。

用語解説

○ 満月　Full moon

新月からおよそ2週間、物事がピークに達するタイミングです。文字通り「満ちる」ときで、「満を持して」実行に移せることもあるでしょう。大事なイベントが満月の日に計画されている、ということもよくあります。意識してそうしたのでなくとも、関係者の予定を繰り合わせたところ、自然と満月前後に物事のゴールが置かれることがあるのです。

月食は「特別な満月」で、半年から1年といったロングスパンでの「到達点」です。長期的なプロセスにおける「折り返し地点」のような出来事が起こりやすいときです。

◐ 十六夜の月〜寝待月　Waning gibbous moon
（いざよい）　　（ねまちづき）

樹木の苗や球根を植えたい時期です。時間をかけて育てていくようなテーマが、ここでスタートさせやすいのです。また、細くなっていく月に擬えて、ダイエットを始めるのにも良い、とも言われます。植物が種をできるだけ広くまき散らそうとするように、人間関係が広がるのもこの時期です。

◐ 下弦の月〜 ◑ 二十六夜月　Last quarter - Waning crescent moon

秋から冬に球根が力を蓄えるように、ここでは「成熟」がテーマとなります。物事を手の中にしっかり掌握し、力をためつつ「次」を見据えてゆっくり動くときです。いたずらに物珍しいことに踊らされない、どっしりした姿勢が似合います。

● 太陽星座早見表 乙女座
（1930 ～ 2025 年／日本時間）
太陽が乙女座に滞在する時間帯を下記の表にまとめました。
これより前は獅子座、これより後は天秤座ということになります。

生まれた年	期間
1930	8/24　6:26 ～ 9/24　3:35
1931	8/24　12:10 ～ 9/24　9:22
1932	8/23　18:06 ～ 9/23　15:15
1933	8/23　23:52 ～ 9/23　21:00
1934	8/24　5:32 ～ 9/24　2:44
1935	8/24　11:24 ～ 9/24　8:37
1936	8/23　17:11 ～ 9/23　14:25
1937	8/23　22:58 ～ 9/23　20:12
1938	8/24　4:46 ～ 9/24　1:59
1939	8/24　10:31 ～ 9/24　7:48
1940	8/23　16:29 ～ 9/23　13:45
1941	8/23　22:17 ～ 9/23　19:32
1942	8/24　3:58 ～ 9/24　1:15
1943	8/24　9:55 ～ 9/24　7:11
1944	8/23　15:46 ～ 9/23　13:01
1945	8/23　21:35 ～ 9/23　18:49
1946	8/24　3:26 ～ 9/24　0:40
1947	8/24　9:09 ～ 9/24　6:28
1948	8/23　15:03 ～ 9/23　12:21
1949	8/23　20:48 ～ 9/23　18:05
1950	8/24　2:23 ～ 9/23　23:43
1951	8/24　8:16 ～ 9/24　5:36
1952	8/23　14:03 ～ 9/23　11:23
1953	8/23　19:45 ～ 9/23　17:05

生まれた年	期間
1954	8/24　1:36 ～ 9/23　22:54
1955	8/24　7:19 ～ 9/24　4:40
1956	8/23　13:15 ～ 9/23　10:34
1957	8/23　19:08 ～ 9/23　16:25
1958	8/24　0:46 ～ 9/23　22:08
1959	8/24　6:44 ～ 9/24　4:07
1960	8/23　12:34 ～ 9/23　9:58
1961	8/23　18:19 ～ 9/23　15:41
1962	8/24　0:12 ～ 9/23　21:34
1963	8/24　5:58 ～ 9/24　3:23
1964	8/23　11:51 ～ 9/23　9:16
1965	8/23　17:43 ～ 9/23　15:05
1966	8/23　23:18 ～ 9/23　20:42
1967	8/24　5:12 ～ 9/24　2:37
1968	8/23　11:03 ～ 9/23　8:25
1969	8/23　16:43 ～ 9/23　14:06
1970	8/23　22:34 ～ 9/23　19:58
1971	8/24　4:15 ～ 9/24　1:44
1972	8/23　10:03 ～ 9/23　7:32
1973	8/23　15:53 ～ 9/23　13:20
1974	8/23　21:29 ～ 9/23　18:57
1975	8/24　3:24 ～ 9/24　0:54
1976	8/23　9:18 ～ 9/23　6:47
1977	8/23　15:00 ～ 9/23　12:28

生まれ た年	期 間
1978	8/23 20:57 ～ 9/23 18:24
1979	8/24 2:47 ～ 9/24 0:15
1980	8/23 8:41 ～ 9/23 6:08
1981	8/23 14:38 ～ 9/23 12:04
1982	8/23 20:15 ～ 9/23 17:45
1983	8/24 2:07 ～ 9/23 23:41
1984	8/23 8:00 ～ 9/23 5:32
1985	8/23 13:36 ～ 9/23 11:06
1986	8/23 19:26 ～ 9/23 16:58
1987	8/24 1:10 ～ 9/23 22:44
1988	8/23 6:54 ～ 9/23 4:28
1989	8/23 12:46 ～ 9/23 10:19
1990	8/23 18:21 ～ 9/23 15:55
1991	8/24 0:13 ～ 9/23 21:47
1992	8/23 6:10 ～ 9/23 3:42
1993	8/23 11:50 ～ 9/23 9:21
1994	8/23 17:44 ～ 9/23 15:18
1995	8/23 23:35 ～ 9/23 21:12
1996	8/23 5:23 ～ 9/23 2:59
1997	8/23 11:19 ～ 9/23 8:55
1998	8/23 16:59 ～ 9/23 14:36
1999	8/23 22:51 ～ 9/23 20:30
2000	8/23 4:48 ～ 9/23 2:27
2001	8/23 10:28 ～ 9/23 8:05

生まれ た年	期 間
2002	8/23 16:18 ～ 9/23 13:55
2003	8/23 22:09 ～ 9/23 19:47
2004	8/23 3:54 ～ 9/23 1:30
2005	8/23 9:47 ～ 9/23 7:23
2006	8/23 15:24 ～ 9/23 13:03
2007	8/23 21:09 ～ 9/23 18:51
2008	8/23 3:03 ～ 9/23 0:45
2009	8/23 8:40 ～ 9/23 6:19
2010	8/23 14:28 ～ 9/23 12:09
2011	8/23 20:22 ～ 9/23 18:05
2012	8/23 2:08 ～ 9/22 23:49
2013	8/23 8:03 ～ 9/23 5:44
2014	8/23 13:47 ～ 9/23 11:29
2015	8/23 19:38 ～ 9/23 17:21
2016	8/23 1:40 ～ 9/22 23:21
2017	8/23 7:21 ～ 9/23 5:02
2018	8/23 13:10 ～ 9/23 10:54
2019	8/23 19:03 ～ 9/23 16:50
2020	8/23 0:46 ～ 9/22 22:31
2021	8/23 6:36 ～ 9/23 4:21
2022	8/23 12:17 ～ 9/23 10:04
2023	8/23 18:02 ～ 9/23 15:50
2024	8/22 23:56 ～ 9/22 21:44
2025	8/23 5:35 ～ 9/23 3:19

おわりに

　『星栞 2020年の星占い』をお手に取って頂き、本当にありがとうございます！　お楽しみ頂けましたら、とても嬉しいです。

　実は「星栞」は、2006年から2015年まで刊行していた下半期占い本のタイトルでした。人生は、しばしば「旅」にたとえられますが、ならばそこにはガイドブックや、旅程を記した「旅のしおり」のようなものがあっていいのではないか、と思ったのです。星は古くから人間にとっての時計であり、船に方位を教える旅の友でもありました。このタイトルはとても気に入っていたので、こういう形で復活させることができて、本当に嬉しく思っています。

　本書の出発点は「12星座別『星ダイアリー』シリーズの占い記事部分を切り離し、12星座別の年度版として作り直す」というものでした。

　『星ダイアリー』シリーズは2007年版から今に至るロングセラーのシリーズで、本当にたくさんの皆様にご愛用・ご愛読頂いてきました。ゆえに私もスタッフも、当初は「すでにあるものを分割するだけだ」と気楽に考えていたのですが、そうはいきませんでした。一冊の本というかたちにまとめなおすという作業は、いわば一つの世界を1から作るようなもので、作業に入るとすぐに様々な難問が立ちはだかりました。

おわりに

　こうして最後の原稿を書きながらも「まだやれることがあるのではないか」と考えています。

　これまで『星ダイアリー』をご愛読下さった皆様も、本書で初めて私の占いに触れる皆様も、不足な点、わかりにくい点がたくさんあると思います。どうぞ、編集部までご意見をお寄せ頂ければと思います。

　2020年は星占いの世界では特別な時間です。年末に「グレート・コンジャンクション」、木星と土星の大会合が起こるからです。皆様もきっと、夜空に寄り添ってきらめく二つの星の神秘的な姿を目にされるでしょう。

　この大会合は約20年に一度起こるのですが、さらに200年ごとに、その「起こる場所」を変えるのも特徴です。過去200年は（例外はありますが）「地の星座」で起こってきました。そしてこの2020年からは、「風の星座」で起こることになります。つまり、200年ほどのスパンの「時代の節目」が、2020年12月に置かれているのです。

　物質と富の「地」から、知と情報と関係性の「風」へ。

　星占いには何ら科学的な根拠はありません。ですが、目に見えない「心の星の時間」がもし、あるとするならば、私たちの生きる心の風景と価値観もまた、今、大きく変わりつつあるのかもしれません。

● イラスト解説

乙女座 － 遊園地

遊園地に置かれているものは観覧車やメリーゴーラウンドなど、ある程度のパターンがありますが、本当は「これを置かなければならない」というルールはないはずです。2020 年の乙女座の世界では、愛と創造性がテーマとなっています。楽しさや生きる喜びのために、自由なアイデアを活かせる年です。

● 著者プロフィール

石井ゆかり

ライター。星占いの記事やエッセイなどを執筆。独特の文体で世代を超えて人気を集める。著書に『星読み＋』『愛する人に。～新装版～』『星ダイアリー』（小社）、『青い鳥の本』（パイインターナショナル）、「3 年の星占いシリーズ」（文響社）、『月で読む あしたの星占い』（すみれ書房）ほか多数。2010 年刊行の「12 星座シリーズ」（WAVE 出版）は 120 万部を超えるベストセラーになった。
Web サイト「筋トレ」 http://st.sakura.ne.jp/~iyukari/

星栞　2020年の星占い
乙女座

2019年10月31日　第1刷発行

著者　　石井ゆかり
発行人　石原正康
発行元　株式会社 幻冬舎コミックス
　　　　〒151-0051 東京都渋谷区千駄ヶ谷4-9-7
　　　　電話 03-5411-6431（編集）

発売元　株式会社 幻冬舎
　　　　〒151-0051 東京都渋谷区千駄ヶ谷4-9-7
　　　　電話 03-5411-6222（営業）
　　　　振替 00120-8-767643

印刷・製本所：株式会社 光邦
デザイン：滝澤敏彦・趙凌蔚（DGMD）
DTP：株式会社 森の印刷屋、安居大輔（Dデザイン）
STAFF：齋藤至代（幻冬舎コミックス）、
　　　　佐藤映湖・滝澤航（オーキャン）、木村みゆき、三森定史
イラスト：服部重行

検印廃止
万一、落丁乱丁のある場合は送料当社負担でお取替致します。幻冬舎宛にお送り下さい。本書の一部あるいは全部を無断で複写複製（デジタルデータ化も含みます）、放送、データ配信等をすることは、法律で認められた場合を除き、著作権の侵害となります。定価はカバーに表示してあります。
©ISHII YUKARI, GENTOSHA COMICS 2019
ISBN978-4-344-84531-2 C0176　Printed in Japan
幻冬舎コミックスホームページ　http://www.gentosha-comics.net